Helene Evstratev-Günter

Interkulturelles Management

Helene Evstratev-Günter

Interkulturelles Management

Bedeutung und Effektivität multikultureller Managementkonzepte

Trainerverlag

Impressum/Imprint (nur für Deutschland/only for Germany)
Bibliografische Information der Deutschen Nationalbibliothek: Die Deutsche Nationalbibliothek verzeichnet diese Publikation in der Deutschen Nationalbibliografie; detaillierte bibliografische Daten sind im Internet über http://dnb.d-nb.de abrufbar.

Coverbild: www.ingimage.com

Verlag: Der Trainerverlag ist ein Imprint der
Südwestdeutscher Verlag für Hochschulschriften GmbH & Co. KG
Heinrich-Böcking-Str. 6-8, 66121 Saarbrücken, Deutschland
Telefon +49 681 37 20 271-1, Telefax +49 681 37 20 271-0
Email: info@verlag-trainer.de

Herstellung in Deutschland:
Schaltungsdienst Lange o.H.G., Berlin
Books on Demand GmbH, Norderstedt
Reha GmbH, Saarbrücken
Amazon Distribution GmbH, Leipzig
ISBN: 978-3-8417-5008-2

Imprint (only for USA, GB)
Bibliographic information published by the Deutsche Nationalbibliothek: The Deutsche Nationalbibliothek lists this publication in the Deutsche Nationalbibliografie; detailed bibliographic data are available in the Internet at http://dnb.d-nb.de.

Cover image: www.ingimage.com

Publisher: Trainerverlag
is an imprint of the publishing house
Südwestdeutscher Verlag für Hochschulschriften GmbH & Co. KG
Heinrich-Böcking-Str. 6-8, 66121 Saarbrücken, Deutschland
Phone +49 681 37 20 271-1, Fax +49 681 37 20 271-0
Email: info@verlag-trainer.de

Printed in the U.S.A.
Printed in the U.K. by (see last page)
ISBN: 978-3-8417-5008-2

Inhaltsverzeichnis

Darstellungsverzeichnis

1. Einleitung

Diese Diplomarbeit befasst sich mit den Begleiterscheinungen der Globalisierung im interkulturellen Kontext, die sowohl Unternehmen als auch Privatpersonen vor immense Herausforderungen stellen.

Aufgrund der stetig zunehmenden Vernetzung der Binnenmärkte verschiedener Länder und der gegenseitigen Abhängigkeiten kristallisiert sich die Fähigkeit - erfolgreich international zu agieren - als eine der Kernkompetenzen für Führungskräfte. Internationales oder Interkulturelles Management werden zunehmend zu einem Wettbewerbsvorteil für global operierende Unternehmen. Unternehmen, die die Bedeutung dieser Managementfertigkeit unterschätzen, scheitern bei grenzüberschreitenden Aktivitäten oftmals. Diese Arbeit wird zunächst die in diesem Zusammenhang relevanten Definitionen darstellen, um daraufhin auf die Dimensionen unterschiedlicher Kulturen einzugehen und ein Verständnis für die Vielfalt der möglichen kulturellen Unterschiede beispielsweise im Verhalten, in den Werten und beim Verhandeln herauszustellen.

Bei dieser Analyse wird von der These ausgegangen, dass die zahlreichen Kulturdimensionen, die nationale Kulturen voneinander abgrenzen, einen entscheidenden Einfluss auf Unternehmenskulturen ausüben und Manager in der heutigen Zeit vor eine zusätzliche Herausforderung stellen. Diese beinhaltet, die Fähigkeit interkulturelle Unterschiede erkennen zu können und verstehen zu lernen, um dadurch in der Lage zu sein, darauf basierende Missverständnisse innerhalb von Geschäftsbeziehungen zu vermeiden. Weiterhin werden einige Strategien vorgestellt, die die interkulturelle Kompetenz gezielt entwickeln und fördern sollen.

Um potenzielle auf interkulturellen Unterschieden basierende Missverständnisse an einem praktischen Beispiel zu beleuchten, werden deutsch-japanische Geschäftsbeziehungen und mögliche Konflikte kurz dargestellt. Nachdem die Dimension der Auswirkungen interkultureller Konflikte aufgezeigt wird, folgt ein Lösungsansatz, der im Anschluss zu den Chancen und Risiken der Globalisierung speziell im interkulturellen Kontext überleitet.

Die Schlussbetrachtung wird einen Ausblick auf die zukünftige Entwicklung gewähren und von der Frage geleitet sein, unter welchen Bedingungen sich die Risiken mildern und die Chancen nutzen lassen.

2. Definitionen

2.1 Kultur

2.1.1 Nationale Kultur

Kultur kann als die Art und Weise bezeichnet werden, wie Menschen fühlen, denken, handeln oder regieren. Hofstede definiert Kultur, unter Verwendung einer Analogie zum Verfahren, wie Computer programmiert sind, als „mentale Programmierung“ oder „mentale Software“ der Menschen in ihrem gesellschaftlichen Umfeld. Der sozialanthropologische Begriff Kultur umfasst die Denk-, Fühl- und Handelsmuster der Menschen und somit sowohl die Tätigkeiten, die den Geist verfeinern, als auch die alltäglichen Dinge des Lebens, wie Grüßen, Essen, Gefühle zeigen (oder nicht zeigen), das Wahren oder Aufheben der physischen Distanzen zu anderen, Geschlechtsverkehr oder Körperpflege[1].

Fons Trompenaars und Charles Hampden-Turner definieren den Kulturbegriff folgendermaßen: "*... the essence of culture is not what is visible on the surface. It is the shared ways groups of people understand and interpret the world"*[2].

2.1.2 Unternehmenskultur

In diesem Abschnitt sollen einige der zahlreichen Definitionen der Unternehmenskultur dargestellt werden. Der Überblick wird unvollständig bleiben müssen, da die Popularität des Themas ein großes Anwachsen der Literatur nach sich gezogen hat, diese jedoch nicht zu einer Harmonisierung der Definitionsversuche geführt hat.

Unternehmenskultur „... (ist) die Gesamtheit der Normen, Wertvorstellungen und Denkhaltungen, die das Verhalten der Mitarbeiter aller Stufen und somit das Erscheinungsbild eines Unternehmens prägen“[3]. „... (ist) die Summe der Überzeugungen, Regeln und Werte, die das Typische und Einmalige eines Unternehmens ausmachen“[4]. Beide Definitionen basieren auf dem *funktionalistischen Ansatz*, der Unternehmenskultur „als Variable wie Unternehmensstruktur, Zieldefinitionen oder Stellenbeschreibungen, die das Prozessieren des Unternehmens ermöglichen“[5] betrachtet. Somit hat sie nach diesem Verständnis einen Anteil an der Koordination und Integration von Unternehmen.

[1] vgl. Hofstede, G.: Lokales Denken, globales Handeln, 3.Aufl. München 2006, S. 2ff.
[2] Trompenaars, F.; Hampden-Turner, C.: Riding the waves of culture, London 1997, p. 3.
[3] Pümpin; Kobi; Wüthrich 1985, S. 8, dort ohne genauere Titelangabe, zit. nach Drepper, C.: Unternehmenskultur, 1992, S. 29.
[4] Neuberger; Kompa, 1987, S. 19, dort ohne genauere Titelangabe, zit. nach ebd., S. 30.
[5] So z. B. Dierkes 1988, S. 555, 558f; Gagliardi 1986, S. 119; Krulis-Randa 1984, S. 357, dort ohne genauere Titelangabe, zit. nach ebd., S. 29.

2.2 Interkulturelle Kommunikation

Kommunikation kann verallgemeinert als die Vermittlung und Teilung (lat. *communicare* = teilen) von Bedeutungen verstanden werden. Dabei impliziert Kommunikation nicht nur das Teilen von Informationen, sondern auch das Teilen von Emotionen, Vorstellungen und Meinungen, Appellen an das Verhalten des anderen sowie motivierenden Anregungen[6]. Was in der Kommunikation von ausschlaggebender Bedeutung ist, ist der Eindruck, den der Empfänger von der Botschaft bekommt. Erfolgreich ist die Kommunikation nur, wenn die Botschaft so vom Empfänger verstanden wird, wie sie vom Sender gemeint ist. Für eine erfolgreiche Kommunikation gibt es schon zahlreiche Hindernisse, wenn die Kommunikationspartner die gleiche Sprache sprechen. Umso größer ist das Problempotenzial, wenn Sender und Empfänger aus unterschiedenen Kulturkreisen kommen und verschiedene Sprachen eine zusätzliche Barriere darstellen. Fons Trompenaars und Charles Hampden-Turner formulieren folgende unabdingbare Bedingung für eine erfolgreiche Kommunikation: *"Communication is only possible between people who to some extent share a system of meaning"*[7]. Dadurch wird deutlich, welche zusätzlichen Hindernisse eine interkulturelle Kommunikation, bei der Personen aus verschiedenen Kulturkreisen aufeinander treffen, in sich birgt.

2.3 Interkulturelle Kompetenz

Der Wandel zu globalen Wettbewerbstrukturen erfordert immer häufiger die Wahrnehmung von Managementaufgaben auf internationaler Ebene. Dies hat auch Konsequenzen für die Führungskräftequalifikation. International expandierende Unternehmen erwarten von ihren Führungskräften, dass sie in der Lage sind, länderübergreifend zu denken und auch im Ausland erfolgreich zu handeln[8]. Dabei haben jene Führungskräfte einen Wettbewerbsvorteil, die dieser Herausforderung gewachsen sind. Somit setzt eine erfolgreiche interkulturelle Kommunikation die interkulturelle Kompetenz zwingend voraus. Interkulturelle Erfahrung jedoch stellt noch keine Kompetenz dar.
„Sie kennzeichnet die Effektivität einer Person bei der nicht nur adaptiven, sondern produktiven Bewältigung neuartiger Anforderungen“[9]. Daraus resultiert, dass Kompetenz nicht durch Handeln allein, sondern auch durch Reflexion vor sowie nach der Handlung, durch das Auswerten und Vergleichen der Ergebnisse, das Erstellen der Zusammenhänge sowie durch eine kritische Analyse des eigenen Vorgehens und der Konsequenzen erworben wird. Folglich sind Denkleistungen von zentraler und unabdingbarer Bedeutung für die Aneignung von Kompetenz[10]. Das folgende Schaubild veranschaulicht die Interdependenz der Einflussfaktoren interkultureller Kompetenz.

---

[6] vgl. Blom, H.; Maier, H.: Interkulturelles Management, 2. Aufl., Herne/Berlin 2004, S. 73.
[7] Trompenaars, F.; Hampden-Turner, C.: Riding the waves of culture, London 1997, p. 74.
[8] Näheres zum Anforderungsprofil internationaler Manager siehe Anhang 4, S. 47.
[9] Bittner, A.; Reise, B.: Interkulturelles Personalmanagement, Wiesbaden 1994, S. 105.
[10] vgl. ebd., S. 106.

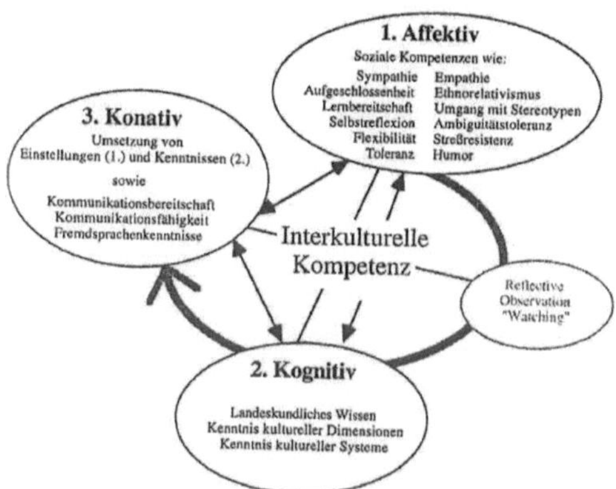

Quelle: Barmeyer, Interkulturelles Management und Lernstile, S.273
Darst.1: Das Profil interkultureller Kompetenz

3. Nationale Kultur vs. Unternehmenskultur

3.1 Interdependenzen zwischen nationaler und Unternehmenskultur

Vielfach wird davon ausgegangen, dass im Zuge der Globalisierung auch eine kulturelle Vereinheitlichung stattgefunden hat und eine „Weltkultur“ entstanden ist. Diese Beobachtung ist nicht zu widerlegen, muss jedoch differenziert betrachtet werden.

Hofstede vertritt die These, dass Veränderungen zum größten Teil nur in bestimmten Kulturkomponenten Auswirkungen gezeigt haben. Weiterhin wird angenommen, dass Kultur aus Praktiken und Werten besteht. Der Wandel hat sich hauptsächlich bei den Praktiken vollzogen[11]. „Kulturwandel kann sich schnell vollziehen in den äußeren Schichten des 'Zwiebeldiagramms', die als Praktiken bezeichnet werden“[12]. Wie die verschiedenen Schichten dieser Zwiebel zueinander in Bezug stehen, wird in Darst.1 veranschaulicht.

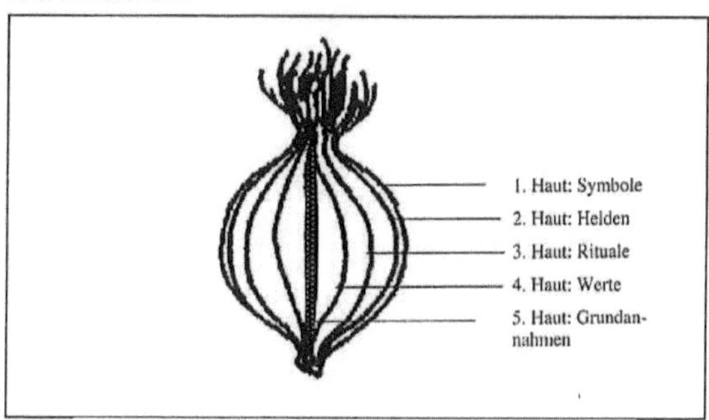

Quelle: Blom/Maier, Interkulturelles Management, S.40
Darst.2: Die Kulturzwiebel

[11] vgl. Hofstede, G.: Lokales Denken, globales Handeln, 3. Aufl., München 2006, S. 8ff.
[12] ebd., S. 14.

Die Veränderung der Werte ist im Gegensatz zu der von Praktiken durch eine Beständigkeit gekennzeichnet. Diese Tatsache wird auch durch ihre Position innerhalb der Zwiebel verdeutlicht. Sie liegen weit im Innern der Zwiebel und sind aus diesem Grund durch die äußeren Faktoren kaum zu erreichen. Sie haben vor allem Einfluss auf das Geschlecht, die nationale und regionale Ebene der Kultur[13]. Diese These führt zu der Schlussfolgerung, dass Unterschiede in Kulturen verschiedener Nationen auch in Zeiten der Globalisierung immer noch bestehen und weiterhin bestehen werden. Deshalb ist es besonders jetzt, in einer mehr denn je zuvor vernetzten Welt, die multinationale Unternehmen, Institutionen als auch interkulturelle Beziehungen zur Folge hat, von ausschlaggebender Bedeutung die Fähigkeit zu besitzen, kulturelle Eigenarten jeder Nation verstehen als auch mit ihnen umgehen zu lernen.

Hofstede bringt diesen Sachverhalt folgendermaßen auf den Punkt: „In der Kultur gibt es keine Abkürzung zur Geschäftswelt"[14]. Dadurch soll verdeutlicht werden, dass es unabdingbar ist, die Kultur eines Landes verstehen und akzeptieren zu lernen, um erfolgreiche Geschäftsbeziehungen unterhalten zu können. Denn Manager sind Teil einer Gesellschaft, die eine spezifische nationale Kultur verinnerlicht hat. Wenn man ihre Verhaltensweisen verstehen will, muss zunächst die Kultur verstanden werden, die als „mentale Programmierung" das Verhalten steuert.

3.2 Vier Kulturdimensionen nach Hofstede

Jedem Urlauber wird bei der Ankunft im Zielland und bei dem Kontakt mit den Einheimischen bewusst, dass in anderen Ländern nicht nur andere Gesetze an der Tagesordnung sind, sondern auch die Verhaltensweisen der Menschen, die das soziale Miteinander steuern, unterschiedlich sind. Wo genau liegen die Unterschiede begründet, die jede nationale Kultur so individuell und exklusiv erscheinen lassen?

Der folgende Abschnitt basiert auf Hofstede. Nach seiner Auffassung lassen sich die prägenden Merkmale, die jede nationale Kultur zum Unikat werden lassen, in vier Kulturdimensionen klassifizieren. Diese sind Machtdistanz, Individualismus vs. Kollektivismus, Maskulinität vs. Feminität und Unsicherheitsvermeidung.

Machtdistanz ist der Grad bis zu dem die weniger einflussreichen Mitglieder einer Gesellschaft akzeptieren, dass die Macht ungleich verteilt ist.

Ob eine Gesellschaft *individualistisch* oder eher *kollektivistisch* ist, wird dadurch bestimmt, inwieweit sich Menschen einer Gesellschaft als einzelne unabhängige Individuen oder als Mitglieder einer Gruppe definieren.

---

[13] vgl. ebd., S. 15.
[14] ebd., S. 26.

Maskuline Gesellschaften kennzeichnen sich durch Eigenschaften wie Konkurrenz- und Leistungsbezogenheit als auch Selbstbewusstsein aus. Weiterhin werden Konflikte ausgetragen und abweichendes Verhalten sanktioniert.

Feminine dagegen sind durch Qualitäten wie Bescheidenheit, Fürsorglichkeit, zwischenmenschliche Beziehungen, Bewahrung der Umwelt und Beilegen von Konflikten durch Kompromisse sowie Lebensqualität charakterisiert.

Die Unsicherheitsvermeidung ist definiert als der Grad, in dem die Mitglieder einer Kultur sich durch ungewisse oder unbekannte Situationen bedroht fühlen und als Reaktion auf einen hohen Grad der Unsicherheitsvermeidung viele Regeln, Gesetze, Normen und Sicherheitsmaßnahmen etablieren, um zukünftige Entwicklungen zu strukturieren[15].

3.3 Auswirkung der Kulturdimensionen auf Unternehmenskulturen

Wenn diese Kulturdimensionen als entscheidende differenzierende Merkmale nationaler Kulturen fungieren, muss ein Zusammenhang zu den Unternehmenskulturen verschiedenen Länder angenommen werden[16]. In diesem Zusammenhang kommt die folgende Frage auf: Inwieweit sind Business Cultures verschiedener Länder dadurch geprägt[17]?

3.3.1 Machtdistanz

Laut eines Forschungsprojektes[18] haben beispielsweise asiatische Länder wie Malaysia und die Philippinen, osteuropäische Länder wie die Slowakei und Russland, arabisch wie auch afrikanisch sprechende Länder hohe Machtdistanzwerte, wohingegen deutsch sprechende Länder wie Österreich, die deutschsprachige Schweiz und Deutschland selber, die nordischen Länder, die USA als auch Großbritannien eher niedrige Werte aufweisen. Die folgende Darstellung veranschaulicht den Abstand der Machtindexwerte zwischen verschiedenen Ländern.

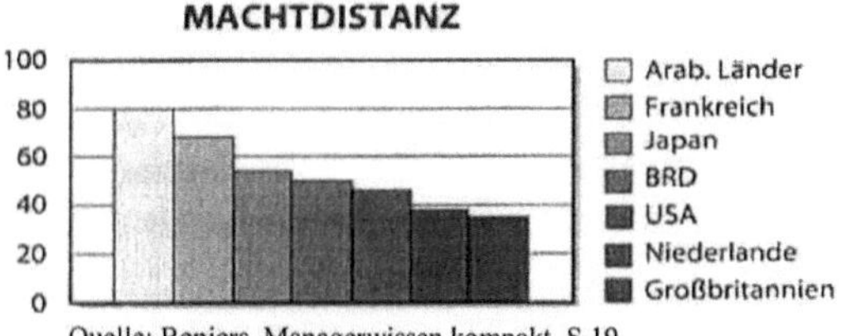

Quelle: Beniers, Managerwissen kompakt, S.19
Darst.3: Machtdistanzindex

[15] vgl. ebd., S. 51ff.
[16] siehe dazu das Zitat von Hofstede, S. 4, Fußnote 13.
[17] siehe dazu auch Trompenaars, F.; Hampden-Turner, C.: Riding the waves of culture, London 1997, p. 157ff. Darstellung von vier verschiedenen Corporate Cultures (family culture, Eiffel Tower culture, guided missile culture, incubator culture) und der Abhängigkeit ihrer Wahl von der nationalen Kultur.
[18] Eine Studie von Geert Hofstede, die unter Angestellten der Firma IBM in vergleichbaren beruflichen Positionen, aber aus unterschiedlichen Ländern durchgeführt wurde. Sie erlaubt jedem untersuchten Land eine bestimmte Position (Punkteskala) zu den Kulturdimensionen zu zuweisen. Näheres siehe auch: Hofstede, G.: Lokales Denken, globales Handeln, 3. Aufl., München 2006

In dieser Studie wird weiterhin folgender Zusammenhang aufgestellt: In Ländern mit verhältnismäßig *niedrigen Machtdistanzwerten* gelten Arbeitnehmer als selbstbewusst und bei den Arbeitgebern ist kein autokratischer bzw. patriarchalischer Führungsstil festzustellen. Bei der Entscheidungsfindung wird der konsultative Stil bevorzugt. In solchen Ländern ist es üblich, die Mitarbeiter in den Entscheidungsprozess zu integrieren. Das Verhältnis beider Parteien ist durch Gleichberechtigung gekennzeichnet. Hierarchien ergeben sich aus einer Verteilung von Rollen, die praktischen Überlegungen zugrunde liegen. Rollen können jedoch jederzeit ausgetauscht werden.

In Ländern mit einem *hohen Machtdistanzwert* hingegen wird den Arbeitgebern sehr ungern widersprochen, ihnen ein autokratischer bzw. patriarchalischer Führungsstil unterstellt und Angestellten in vergleichbaren Positionen fällt es schwerer, sich mit einem konsultativen Stil einverstanden zu erklären. Es wird von der Annahme ausgegangen, dass Mitarbeiter und Angestellte von Natur aus mit ungleichen Rechten ausgestattet sind. Der Mitarbeiter hat wenig Entscheidungsbefugnis und muss vom Vorgesetzen geführt werden.

3.3.2 Individualismus vs. Kollektivismus

In *individualistischen Gesellschaften* ist die Bindung zwischen den einzelnen Gesellschaftsmitgliedern locker. Jeder ist für sich selber verantwortlich und muss für die eigene Familie sorgen. Das Interesse des Individuums hat Vorrang gegenüber dem Interesse der Gruppe. *„Members of organisations enter relationship because it is in their individual interest to do so. ... In so far they co-operate, it is because they have particular interests at stake"*[19]. Menschen, die in solchen Gesellschaften leben, werden nicht nach ihrer Gruppenzugehörigkeit klassifiziert, sondern nach der eigenen Identität beurteilt. In einer individualistisch geprägten Gesellschaft wird von den Arbeitnehmern erwartet, dass sie nach ihrem eigenen Interesse handeln, wobei jedoch zwischen den Interessen der Arbeitnehmer und Arbeitgeber kein Konflikt entstehen sollte. In solchen Gesellschaften betrachtet man das Verhältnis zwischen diesen Parteien als rein geschäftlich, es werden keine emotionalen oder persönlichen Beziehungen aufgebaut. Schlechte Leistung des Arbeitnehmers oder ein besseres Gehaltsangebot eines anderen Arbeitgebers sind ethisch und gesetzlich anerkannte Gründe für die Beendigung eines Arbeitsverhältnisses. Anreize und Boni sind an die Leistungen des Einzelnen geknüpft. Eine erfolgreiche Führungskraft muss in solchen Gesellschaften die Fähigkeit besitzen, Leistungsbeurteilungen durchführen und negative Nachrichten mitteilen zu können. Individualistisch geprägte Gesellschaften sind die Vereinigten Statten, Großbritannien und die Niederlanden.

In *kollektivistischen Gesellschaften* sind die Interessen einer Gruppe dem Interesse des Einzelnen übergeordnet. Das Individuum definiert seine Identität über die Zugehörigkeit zu der „Wir"-Gruppe

[19] Trompenaars, F.; Hampden-Turner, C.: Riding the waves of culture, London 1997, p. 63.

und grenzt andere „fremde“ Gesellschaftsmitglieder durch die Zuordnung zu einer „Sie“-Gruppe ab. Der Einzelne ist verpflichtet, der „Wir“-Gruppe lebenslange Loyalität entgegenzubringen.
In solch einer Gesellschaft stellt ein Arbeitnehmer nie ein Individuum ein, sondern immer eine Person, die einer bestimmten Gruppe angehört. Das Verhalten des Arbeitnehmers ist immer von den Interessen der Gruppe geprägt, auch wenn er seine eigenen dabei zurückstellen muss. Die Beziehung zu dem Arbeitgeber geht über das Geschäftliche hinaus und wird als eine moralische angesehen, vergleichbar mit einer familiären Beziehung, die durch beiderseitige Verpflichtungen gekennzeichnet ist. *„In communitarian cultures the organisation is not the creation or instrument of its founders so much as a social context all members share and which gives them meaning and purpose“*[20]. Schlechte Leistungen stellen keinen Kündigungsgrund dar, entscheiden aber darüber, wem welche Tätigkeitsbereiche anvertraut werden. Kollektivistisch geprägte Gesellschaften zeichnen sich weiterhin dadurch aus, dass offene Gespräche über die Leistung einer Person inakzeptabel sind, da sie sich nicht mit dem Harmoniebedürfnis dieser Gesellschaftsform vereinbaren lassen. Diese Gesellschaften verfügen über andere Methoden des Leistungsfeedbacks. Entweder wird eine Vergünstigung wortlos entzogen oder die Mitteilung über die schlechte Leistung erfolgt über einen Mittelsmann, der meistens ein Verwandter des betreffenden Mitarbeiters ist[21]. Arabische und asiatische Länder werden als Gesellschaftsformen mit einer kollektivistischen Orientierung angesehen.

3.3.3 Feminität vs. Maskulinität

Weiterhin charakterisiert Hofstede diese Dimension folgendermaßen: *Feminine Gesellschaften* sind durch Feingefühl, Toleranz, eine soziale Ausrichtung, gewisse Sympathie für den Schwächeren und durch keine strikte Rollentrennung der Geschlechter gekennzeichnet. In femininen Gesellschaften werden Konflikte durch Verhandlungen und Kompromisse gelöst. Belohnungen sind auf dem Prinzip der Gleichheit gegründet. *Die Arbeitsmoral lautet: Arbeiten, um zu leben.* Der Freizeit wird mehr Bedeutung beigemessen als Geld. Ein weiteres charakterisierendes Merkmal ist der höhere Anteil an Frauen in fachlich qualifizierten Berufen. Unter Harmonisierung des Arbeitsumfeldes versteht man die Erhöhung von sozialen Kontakten und gegenseitiger Hilfe. Diese Eigenschaften führen dazu, dass Länder mit einer femininen Gesellschaftsform wie zum Beispiel Dänemark und die Niederlanden einen Wettbewerbsvorteil in der Landwirtschaft und im Dienstleistungssektor erzielen.

---

[20] ebd., p. 63.
[21] Näheres zum Einstellungsverfahren in kollektivistisch geprägten Gesellschaften siehe auch Hofstede, G.: Lokales Denken, globales Handeln, 3. Aufl., München 2006, S. 133f.

Das Prinzip „Nur der Beste zählt", Toleranz und Mitgefühl mit untergeordneter Bedeutung, strikt getrennte Geschlechterrollen und aggressives Verkaufsverhalten auf Kosten anderer sind Merkmale, die eine *maskuline Gesellschaft* kennzeichnen.

Die USA, Großbritannien, Japan, Deutschland und Irland gehören beispielsweise zu einer maskulinen Gesellschaftsform. In diesen Ländern sollen Konflikte durch eine gerechte Auseinandersetzung gelöst werden. Das heißt, dass derjenige, der die besten Argumente besitzt, gewinnen soll. Die Geschäftsbeziehungen zeichnen sich durch solche Machtkämpfe aus. Weiterhin versuchen Arbeitgeber, wo immer möglich, Zweckbündnisse mit Arbeitnehmern zu verhindern. In Unternehmen solch einer Gesellschaft werden Ergebnisse nach dem Gerechtigkeitsprinzip honoriert. Das impliziert, dass jeder nach seiner Leistung beurteilt wird. *Die Arbeitsmoral lautet: Leben, um zu arbeiten.* Weiterhin wird dem Wert Geld mehr Bedeutung beigemessen als dem Wert Zeit. Eine Humanisierung der Arbeitswelt lässt sich durch eine Aufgabenbereicherung erzielen. Diese Charakteristika bewirken, dass Länder mit einer maskulinen Ausrichtung einen Wettbewerbsvorteil in der Produktion und der chemischen Großindustrie haben[22].

3.4 Unsicherheitsvermeidung

Unsicherheitsvermeidung ist der Grad, in dem sich die Mitglieder einer Kultur durch ungewisse oder unbekannte Situationen bedroht fühlen.

Länder mit *starker Unsicherheitsvermeidung* wie beispielsweise Griechenland, Spanien, Italien und Deutschland haben zahlreiche formelle als auch informelle Vorschriften und Gesetze, die Rechte und Pflichten von Arbeitnehmern und Arbeitgebern festlegen. Weiterhin ist der Arbeitsablauf durch interne Vorschriften bestimmt. Alle Dinge, denen man eine Struktur verleihen kann, sollten nicht dem Lauf der Dinge überlassen werden. Diese Gesellschaften sind durch ein starkes Bedürfnis nach Regeln gekennzeichnet. In solchen Kulturen herrscht eine Abneigung gegen Unstrukturierung und Uneindeutigkeit. Organisationen streben nach Präzision und Formalisierung. Man vertraut auf das Fachwissen der Spezialisten. Zu den Ländern, die durch eine hohe Unsicherheitsvermeidung geprägt sind, zählen Japan, Frankreich und die arabischen Länder.

Länder mit einer *schwachen Unsicherheitsvermeidung*, wie zum Beispiel die USA, Großbritannien und Schweden, haben eine negative Einstellung zu formellen Regeln. Sie erkennen deren Notwendigkeit nur in äußerst dringenden Fällen an. In solchen Ländern sind Menschen bereit viel zu arbeiten, wenn die Notwenigkeit besteht, sie können sich jedoch genau so gut entspannen und ihre Freizeit genießen. Zeit stellt nur einen Orientierungsrahmen dar und muss nicht ständig beachtet werden. Chaos und Uneindeutigkeit werden in Organisationen nicht als negativ betrachtet, da sie die Quelle der Kreativität darstellen. In solchen Kulturen gilt ein gesunder Menschenverstand als die

---

[22] vgl. ebd., S. 194ff.

Eintrittskarte zum beruflichen Erfolg. Das klassische Ausbildungssystem in Großbritannien ist ein gutes Beispiel dafür. Hier gewährt ein Abschluss an einer guten Universität die gültige Eintrittskarte zu einer Managementlaufbahn.

Es gibt Beobachtungen, die belegen, dass eine schwächere Unsicherheitsvermeidung nicht unbedingt eine hohe Kreativität nach sich ziehen muss und dass sich eine stärkere Unsicherheitsvermeidung nicht zwingend hemmend auf die Ideenvielfalt auswirken muss[23].

3.4 Dimensionen nach Trompenaars und Hampden-Turner

Neben Hofstedes vier Kulturdimensionen werden auch andere Merkmale zu Unterscheidung nationaler Kulturen herangezogen. Trompenaars und Hampden-Turner differenzieren nationale Kulturen folgendermaßen[24]:

3.4.1 Universalismus vs. Partikularismus

In Gesellschaften mit einer *universellen Ausrichtung,* sind allgemeine Werte wichtiger als persönliche Beziehungen. Es wird nach allgemeingültigen Gesetzen gesucht, die für jeden gleichermaßen gelten. Diese Kultur hat zu der universellen Erklärung der Menschenrechte geführt[25]. Nach ihrem Verständnis soll jeder gleich behandelt werden. Vorzugsbehandlungen von bestimmten Kunden werden als unethisch angesehen. *„... It also tends to imply equality in the sense that all persons falling under the rule should be treated the same"*[26]. Diese Dimension ist eng mit der Kollektivismus/Individualismus-Dimension verbunden. Denn auch in individualistisch geprägten Gesellschaften gilt das Prinzip der Gleichbehandlung[27].

In einer *partikularistischen Gesellschaft* neigt man dazu, politischen, regionalen sowie kulturellen Interessen große Bedeutung beizumessen. Es gibt nicht nur eine richtige allgemeingültige Version. Entscheidungen sind immer von verschiedenen Umwelteinflüssen geprägt und somit situationsabhängig.

„Particularist judgements focus on the exceptional nature of present circumstances"[28]. Spezielle Regeln, die für jede Gruppe und Nation anders sein können, werden gegenüber universellen Richtlinien bevorzugt. In solchen Kulturen werden Veränderungen akzeptiert, was auch die Tatsache begründet, dass Verträge modifizierbar sein müssen.

---

[23] Ergebnisse dieser sozialen Forschung, die von Philippe d' Iribane beschrieben wurden, sind in ebd., S. 256 näher erläutert. Kritisch anzumerken ist jedoch, dass eine Abhängigkeit der Ergebnisse von der Nationalität des Beobachters anzunehmen ist.

[24] Zur Betrachtung weiterer hier nicht dargestellter Kulturdimensionen (neutral vs. affective cultures and how cultures relate to nature) siehe Trompenaars, F.; Hampden-Turner, C.: Riding the waves of culture, London 1997, p. 69ff.

[25] vgl. Beniers, C.: Managerwissen kompakt: Interkulturelle Kommunikation, München/Wien 2006, S. 26.

[26] Trompenaars, F.; Hampden-Turner, C.: Riding the waves of culture, London 1997, p. 31.

[27] vgl. Hofstede, G.: Lokales Denken, globales Handeln, 3. Aufl., München 2006, S. 138.

[28] Trompenaars, F.; Hampden-Turner, C.: Riding the waves of culture, London 1997, p. 31.

Beziehungen zwischen Geschäftspartnern entwickeln sich weiter und sind wichtiger als Regeln[29]. Es muss zunächst ein Vertrauensverhältnis aufgebaut werden, bevor man bereit ist Geschäftsbeziehungen einzugehen. Weiterhin gilt es als natürlich und moralisch Freunde besser zu behandeln als andere Menschen. Hier wird der Zusammenhang zum Kollektivismus deutlich. Es erscheint logisch, dass man die Mitglieder der „Wir"-Gruppe besser behandelt als die der „Sie"-Gruppe[30].

3.4.2 Spezifische vs. diffuse Kulturen

Im folgenden Abschnitt beschreibt Beniers die Auswirkung dieser Dimension auf die Gesellschaft als auch auf die Unternehmenskultur. Der Umgang mit Menschen in Gesellschaften mit einer *spezifischen Kultur* lässt sich als geradlinig, zielgerichtet, offen, präzise, definitiv und transparent charakterisieren. Während einer Geschäftsverhandlung kommt man schnell zum Punkt. *„In specific-oriented cultures a manager segregates out the task relationship she or he has with a subordinate and insulates this from other dealings"*[31]. Wertvorstellungen und Moralprinzipien sind in ihrer Gültigkeit unabhängig von einer bestimmten Person oder Situation.

In diffusen Kultur baut man zunächst eine menschliche Beziehung auf, auch wenn eine spezielle Situation durch ein klar definiertes Ziel bestimmt ist (Verkauf). *„In diffuse cultures, everything is connected to everything. Your business partner may wish to know where you went to school, who your friends are, what you think of life, politics, art, literature and music"*[32]. Die Beziehungen zwischen den Gesellschaftsmitgliedern sind indirekt, anscheinend ziellos, ausweichend, taktvoll, zweideutig und undurchsichtig. Man stimmt das eigene Verhalten auf die Personen als auch die Umstände ab. Es wird „Situationsethik" betrieben[33].

3.4.3 Leistungsorientierte vs. askriptive Kulturen

In *leistungsorientierten Kulturen* wird Arbeit als Lebensziel betrachtet. Die Belohnung hängt von der erbrachten Leistung ab. In dieser Kultur erwirbt man Status durch Leistung, Diplom oder Erfahrung. Die Achtung, die hierarchisch Übergeordneten entgegengebracht wird, basiert auf Arbeitserfolgen und der entsprechenden Kompetenz. Titel werden nur benutzt, wenn sie Kompetenz für die jeweilige Aufgabe bedeuten.

In *askriptiven Kulturen* spielen andere Faktoren wie zum Beispiel die Herkunft, das Geschlecht, das Alter oder die Ausbildung eine entscheidende Rolle. Respekt vor Alter und Erfahrung fallen mehr ins Gewicht als spezifische Fach- und Handlungskompetenz. Es wird extensiver Gebrauch von Titeln betrieben, besonders dann wenn sie den Status in einer Organisation begründen. In auf diese

[29] vgl. Beniers, C.: Managerwissen kompakt: Interkulturelle Kommunikation, München/Wien 2006, S. 26f.
[30] vgl. Hofstede, G.: Lokales Denken, globales Handeln, 3. Aufl., München 2006, S. 138.
[31] Trompenaars, F.; Hampden-Turner, C.: Riding the waves of culture, London 1997, p. 81.
[32] ebd., p. 87.
[33] vgl. Beniers, C.: Managerwissen kompakt: Interkulturelle Kommunikation, München/Wien 2006, S. 27f.

Weise kulturell geprägten Gesellschaften (Asien) werden junge Manager aus den westlichen Industriestaaten nicht anerkannt.

„Achievement-oriented corporations ... send young, promising managers on challenging assignments ... without realising that the local culture will not accept their youthfulness and/or gender however well they achieve"[34].

3.4.4 Monochronismus vs. Polychronismus

Dieser Abschnitt stützt sich weitgehend auf Beniers. Bei dieser Dimension geht es um die Betrachtung des Faktors Zeit verschiedener Gesellschaften. Die Ausgangsfrage dieser Untersuchung ist die Bedeutung, die der Zeit beigemessen wird.

Beim *Monochronismus* werden Termine und Verabredungen mit großer Präzision eingehalten. Aufgaben werden exakt nach ihrer Reihenfolge erledigt. Diese Dimension hat einen stark rational ausgerichteten Charakter und ist eng an eine individualistische Gesellschaft geknüpft. Weiterhin lässt sich feststellen, dass in solchen Gesellschaften eher die maskuline Rolle dominiert[35] und der Zukunft große Bedeutung beigemessen wird. Auf die Zukunft ausgerichtet bedeutet, dass in diesen Kulturen oft von Potentialen, Erwartungen und Aussichten gesprochen wird. Ferner werden Planung und Strategie mit Enthusiasmus ausgeführt als auch großes Interesse für die Jugend und deren Potential aufgebracht. Zu dieser Kultur zählen beispielsweise Australien, Kanada, China, Tschechien und Deutschland.

In *polychronen Gesellschaften* spielt die Zeit eine eher untergeordnete Rolle. Aufgaben werden nicht der Reihenfolge nach erledigt, sondern es finden gleichzeitig mehrere Prozesse statt. Termine und Verabredungen werden nicht exakt eingehalten und Verspätungen sind an der Tagesordnung. Diese Dimension ist mit einer kollektivistischen Gesellschaft, einer großen Machtdistanz[36] und einer zeitlichen Orientierung an der Gegenwart verknüpft.

Die Orientierung an der Gegenart bedeutet, dass intensives Interesse für jetzige Beziehungen und Ereignisse besteht. Es existieren zwar Pläne, doch sie werden nicht oder nur kaum eingehalten. Alle Handlungen werden nach ihrer aktuellen Bedeutung beurteilt. Länder mit einer polychronischen Zeitabfolge sind beispielsweise Russland, Thailand, Brasilien und Ägypten[37].

4. Strategien im internationalen Management

Im zuvor dargestellten Kapitel, der die zahlreichen Dimensionen nationaler Kulturaspekte darstellt, wird deutlich wie unterschiedlich die Denk- und Handlungsweisen verschiedener Kulturen sind.

---

[34] Trompenaars, F.; Hampden-Turner, C.: Riding the waves of culture, London 1997, p. 113.
[35] vgl. dazu S. 6f.
[36] vgl. dazu S. 6ff.
[37] vgl. Beniers, C.: Managerwissen kompakt: Interkulturelle Kommunikation, München/Wien 2006, S. 30ff.

Um Missverständnisse in einer immer mehr internationalisierenden Geschäftswelt zu vermeiden, müssen potenzielle Kulturdivergenzen erfolgreich erkannt und überwunden werden. Zu diesem Zweck sind Konzepte ausgearbeitet worden, die eine unabdingbare Voraussetzung für erfolgreiches interkulturelles Management darstellen. Dieses Kapitel wird seine Bedeutung in der heutigen Geschäftswelt aufzeichnen als auch die gängigsten Strategien, Lernstile und Trainingsmethoden beleuchten.

4.1 Dimensionen internationaler Unternehmenspolitik

Die Dimensionen internationaler Unternehmenspolitik sind vielfältig. Sie reichen von einzelnen grenzüberschreitenden Aktivitäten nationaler Unternehmen bis zum weltweit vernetzten Management international operierender Konzerne. Im Vergleich zu einer inländisch orientierten Unternehmensführung sind internationale Managemententscheidungen risikoreicher und komplexer, da sie in einem unsicheren Umfeld stattfinden und zusätzlich auch noch mit gegensätzlichen wirtschaftlichen, sozialen, kulturellen als auch politischen Entwicklungen der jeweils betroffenen Länder kollidieren können[38].

Seit Mitte der 60er Jahre ist in Europa ein kontinuierlicher Anstieg internationaler Geschäftsbeziehungen zu verzeichnen, die für die Unternehmen grenzüberschreitende, verflochtene als auch komplexe Entscheidungen nach sich ziehen[39]. Täglich wird die Öffentlichkeit diesbezüglich mit Schlagzeilen aus den Medien versorgt. Mal ist es die Rechnungslegung, die sich nun am internationalen Kapitalmarkt orientiert, mal sind es die internationalen Produktstandards, die befolgt werden müssen. Oft sind es auch Schlagzeilen, die den Fokus auf die zunehmende Bedeutung von Fremdsprachen als Schlüsselqualifikation von Managern richten. Die folgende Darstellung zeigt das Ausmaß dieser weltweiten Vernetzung an einem konkreten Beispiel.

---

[38] vgl. Blom, H.; Maier, H.: Interkulturelles Management, 2. Aufl., Herne/Berlin 2004, S. 103.

[39] Ergänzende Darstellung siehe Anhang 8, S. 49.

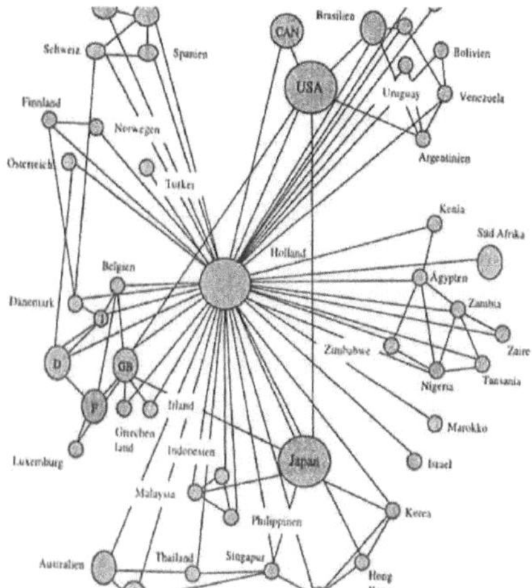

Quelle: Blom/Maier, Interkulturelles Management, S.7
Darst.4: Internationale Vernetzung Philips Electronics NV

Die oben aufgeführten Entwicklungen verdeutlichen die Breite und Intensität der Herausforderungen, denen sich Unternehmen im Zuge der Globalisierung zwingend stellen müssen, um langfristigen und nachhaltigen Erfolg zu sichern.

4.2 DAS EPRG- Modell nach Perlmutter

Das EPRG- Modell beinhaltet vier unternehmenspolitische Ansätze. Die ethnozentrische, die polyzentrische, die regiozentrische und die geozentrische Sichtweise[40].

4.2.1 Ethnozentrische Sicht

Dieser Ansatz wird auch als Stammlandorientierung *(home country orientation)* oder Monokulturstrategie bezeichnet. Kennzeichnendes Merkmal dieser Orientierung ist der Versuch die im Stammland des Unternehmens bisher durchgeführte Unternehmenspolitik auf die Auslandsaktivitäten zu übertragen. Aus dieser Sicht dienen Unternehmensaktivitäten zur Verstärkung der Inlandsposition und der Fokus liegt weiterhin auf dem Stammland als dem Hauptmarkt. Weiterhin werden die Eigenarten des ausländischen Marktes nur teilweise berücksichtigt.

Die Vorteile dieser Sichtweise sind einheitliche Unternehmenspolitik und die einfache Kommunikation zwischen dem Stammhaus und der Tochtergesellschaft.

---

[40] Weiterführende Darstellung zum EPRG-Modell siehe Anhang 10, S. 50.

Nachteile ergeben sich aus dem Konfliktpotenzial mit der Gastlandkultur als Konsequenz der einseitigen Ausrichtung der Unternehmenspolitik an den Gegebenheiten im Heimatland als auch den relativ hohen Kosten einer Auslandsentsendung.
Hinsichtlich der Personalpolitik bedeutet diese Stammlandorientierung konkret, dass die Stammhausdelegierten vor allem die Vermittlung der vom Herkunftsland geprägten Unternehmenskultur als auch der dort erfolgreichen Unternehmensphilosophie zur Aufgabe haben. Durch diese Mitarbeiter wird eine Kopplungsfunktion zwischen der Muttergesellschaft und dem Tochterunternehmen erfüllt[41].
Kritisch ist jedoch anzumerken, dass sich neben den Frustrationen einheimischer Mitarbeiter hinsichtlich der Entwicklung ihrer eigenen Karriere auch andere negative Effekte auftreten können. Potenzielle Vorurteile können aus kultur-unsensiblen und kulturarroganten Verhalten der Entscheidungsträger entstehen und Ressentiments beispielsweise bei Entsendungen in Dritte-Welt-Länder hervorrufen. Aufgrund des geschichtlichen Hintergrunds könnte die Entsendung von Deutschen oder Japanern in die USA empfindliche Stellen berühren[42].

4.2.2 Polyzentrische Sicht

Diese Sicht wird auch als Gastlandorientierung *(host country orientation)* oder Multikultur-Strategie bezeichnet. Charakteristische Merkmale sind die Betrachtung des Gastlandes als Mittelpunkt der Unternehmensbemühungen, das Streben nach einer möglichst hohen Integration im Auslandsmarkt, eine hohe Autonomie der Auslandsorganisation und das Aufbauen eines nationalen Images im Gastland.
Vorteile dieser Vorgehensweise sind die oft niedrigeren Personalkosten für einheimische Mitarbeiter im Gastland als auch das Ausschöpfen ihrer Erfahrung hinsichtlich der sprachlichen, kulturellen und den Markt betreffenden Besonderheiten. Weiterhin ist die Integration der Tochterunternehmung im Gastland unproblematischer, wenn die Leitung einheimischen Führungskräften übertragen wird. Ferner entfallen Sprachbarrieren und die Kenntnis der Infrastruktur erleichtert den Einstieg in den ausländischen Markt. Kontakte zu staatlichen Stellen gestalten sich oft reibungsloser, Entsendungskosten als auch Reintegrationsprobleme treten nicht auf.
Nachteile ergeben sich aus möglichen Kommunikationsproblemen zwischen dem Stammhaus und der Auslandniederlassung. Zusätzlich ist die Übertragung des technischen Know-hows, der Kommunikationswege als auch der Unternehmenskultur erschwert. Ein hohes Maß an Unternehmens-

---

[41] siehe dazu auch. Hofstede, G.: Lokales Denken, globales Handeln, 3. Aufl., München 2006, S. 389ff. Hier werden weiterführende Überlegungen zu der ethnozentrischen Strategie hinsichtlich ihrer Funktion bei der Konzeption einer einheitlichen Unternehmenskultur und Identität herausgestellt. Hofstede vertritt die These, dass der Ethnozentrismus eine unabdingbare Bedingung für die Realisierung beider Ziele darstellt.
[42] vgl. Blom, H.; Maier, H.: Interkulturelles Management, 2. Aufl., Herne/Berlin 2004, S. 105ff.

loyalität des Tochterunternehmens ist zwingend erforderlich, um die Kopplungsfunktion im Sinne des Gesamtunternehmens erfüllen zu können[43].

4.2.3 Regiozentrische Sicht

Diese Strategie wird auch als Ländergruppenorientierung bezeichnet. Bei dieser Orientierung werden die Auslandsmärkte zu homogenen Ländergruppen zusammengefasst und innerhalb einer Gruppe einheitlich bearbeitet. Diese Gruppenbildung erfolgt nach kulturellen, ökonomischen oder sozio-politischen Kriterien. Meistens werden Entscheidungen innerhalb eines Clusters zentral getroffen. Die Entscheidungsfindung zwischen den einzelnen Ländergruppen läuft jedoch dezentral ab.

Die Führungskräfte stammen aus den jeweiligen Regionen. Eine regiozentrische Orientierung liegt dem regionalen beispielsweise dem Euro-Marketing zugrunde[44].

Vorteile ergeben sich aus der internationalen Besetzung des Managementteams, der Förderung einer einheitlichen Unternehmenskultur und der geringen Gefahr, dass eine Verfolgung nationaler Interessen angestrebt wird.

Nachteile ergeben sich aus den hohen Kosten, die aufgrund des umfangreichen grenzüberschreitenden Personaleinsatzes entstehen. Ferner können sowohl Probleme bei der kulturellen Einbindung internationaler Führungskräfte entstehen als auch Schwierigkeiten mit der gesetzlich vorgeschriebenen Beschäftigung lokaler Mitarbeiter hervortreten.[45]

4.2.4 Geozentrische Sicht

Weltmarkt-Orientierung oder Mischkulturstrategie sind weitere Bezeichnungen für diese Sichtweise. Typische Merkmale sind die Ausrichtung aller Unternehmensaktivitäten am Weltmarkt, das Streben nach einer Weltmarktposition und die Globalisierung aller Unternehmensentscheidungen.

Da kulturelle Herkunft und Staatsangehörigkeit bei der Besetzung von Stellen keine Rolle spielen, sind weltweites Mitarbeiterpotenzial und hohe Flexibilität bei der Mitarbeitersuche die Vorteile dieser Orientierung. Allein die Qualifikation ist maßgebend.

Die Nachteile liegen in den komplexen Kommunikationsstrukturen und der sehr aufwändigen Corporate-Identity-Entwicklung, die sich praktisch quer durch alle Kulturen vollziehen muss. Weiterhin können sich, wenn ein Drittlandangehöriger zwischen der Zentrale und der Niederlassung vermittelt, die gleichen Probleme wie bei der ethnozentrischen Sicht herauskristallisieren.

---

[43] vgl. Bergemann, N.; Sourisseaux, A.L.J.: Interkulturelles Management, 2. überarb. Aufl., Heidelberg 1996, S. 151.

[44] Näheres zum Euro-Marketing Konzept siehe Lauer, J.: Unternehmensführung in der EG. Praktische Hilfen für eine binnenmarktorientierte Unternehmensführung, Planegg 1993, S. 71ff.

[45] vgl. Perlitz, M.: Internationales Management, 3. Aufl., Stuttgart 1997, S. 140ff.

Es können die gleichen Widerstände von Einheimischen gegen die Entsandten auftreten. Ferner ist die Unkenntnis des Gastlandes, der wirtschaftlichen und politischen Bedingungen als auch der Sprache als weiterer Nachteil hervorzuheben[46].

4.2.5 Bedeutung des EPRG- Modells in der Praxis

Viele weltbekannte Unternehmen bedienen sich bei ihren Auslandsaktivitäten dieser Strategien.

Ein berühmtes Beispiel, bei dem die ethnozentrische Methode hinsichtlich der Werbestrategie scheiterte, ist McDonalds.

McDonalds hat vor Jahren eine millionenschwere Werbekampagne in Asien gestartet, bei der die Farbe weiß im Vordergrund stand. Das Scheitern dieser Werbekampagne lag jedoch in der Tatsache begründet, dass Weiß in Asien ein Symbol der Trauer repräsentiert[47], was den Marketingstrategen vorher nicht bewusst war, da sie auf ihr Gefühl als auch ihr Vertrauen bauten und ihre „Weltprodukte" mit einer globalen Werbestrategie zu vermarkten versuchten, ohne die kulturellen Hintergründe näher zu beleuchten.

Ein weiteres Beispiel für die ethnozentrische Orientierung von McDonalds bezüglich der Unternehmenskultur ist das freundliche Auftreten des Personals, das dem Kunden stets mit einem Lächeln begegnet. In Japan ist Lächeln jedoch engen Freunden und Verwandten vorbehalten und gilt Fremden gegenüber als unpassend. Problematisch ist hierbei nun, die einheimischen Angestellten zum Lächeln zu bringen und dem Kunden diese freundliche Art verständlich zu machen[48].

In Russland wurde in den ersten Wochen der Eröffnung der McDonalds-Filiale verkündet, dass die Angestellten lächeln werden und dass dieses Lächeln ein Ausdruck der Zufriedenheit ist, die Kunden bedienen zu können, und nicht darauf abzielt, sich über sie lustig zu machen[49].

Es muss weiterhin angemerkt werden, dass auch die polyzentrische Orientierung bei der Erstellung des Sortiments in diesem Weltkonzern Anwendung findet. In Norwegen gibt es beispielsweise gegrillten Lachs in Dillsauce, in Japan Reisgerichte, in Ungarn den McHuevo (Hamburger mit einem Spiegelei) und den McSpaghetti auf den Philippinen. Ferner werden in Indien koschere Hamburger, bei denen Käse und Fleisch getrennt sind, angeboten. Weiterhin gibt es die Vegetable McNuggets und den „Hammel-Maharaja-Mac" aus Lammfleisch oder Hühnchen, welcher unserem Big Mac entspricht.

Abschließend lässt sich zusammenfassen, dass die polyzentrische Orientierung aufgrund solcher wie oben beschriebener Irrtümer durch die ethnozentrische Ausrichtung deutlich an Bedeutung ge-

---

[46] vgl. Bergemann, N.; Sourisseaux, A.L.J.: Interkulturelles Management, 2. überarb. Aufl., Heidelberg 1996, S. 151f.

[47] vgl. o. V.: Bedeutung der Farben, http://nibis.ni.schule.de/~lepke/homepage/webdesign/farben.html#4, 17.4.2007

[48] Zur näheren Erklärung wieso Lachen in den geschützten privaten Bereich gehört vgl. o. V.: Wesenzüge japanischen Verhaltens, http://home.arcor.de/HinagikusPage/japan4.html, 2.4.2007

[49] vgl. dazu auch Sergey Frank: Verhandeln In Russland, http://www.wiwo.de/pswiwo/fn/ww2/sfn/buildww/id/127/id/14618/SH/0/depot/0/index.html, 29.3.2007

winnt, wobei hierbei auch immer die Frage des Identitätsverlusts bei zu starker Anpassung an die Gastlandkultur nicht außer Acht gelassen werden sollte. Unternehmen sehen sich immer zwei konkurrierenden Zielen, der Standardisierung und der Differenzierung, gegenüberstehen. Dieser Zielkonflikt veranschaulicht umso mehr die Komplexität der Entscheidungen international operierender Unternehmen und ihrer Führungskräfte und unterstreicht die Bedeutung des interkulturellen Managements und der Maßnahmen, die dazu befähigen[50].

4.3 Interkulturelles Training und Managemententwicklung

4.3.1 Notwendigkeit und Ziel

Jeder Mensch wächst unter spezifischen kulturellen Bedingungen auf und erwirbt dadurch die für sein Leben in der Gesellschaft und seinen Bezugsgruppen sozial relevanten Erfahrungen und Verhaltensweisen[51]. So bedeutend die programmierte kulturspezifische Orientierung für das Zusammenleben in einer Kultur ist, so schwieriger wird es in interkulturellen Überschneidungssituationen, wenn gewohnte Werte und verinnerlichte Normen aufeinanderprallen, um beispielsweise gemeinsam eine Aufgabe zu lösen. Solche Situationen sind oft durch gegenseitige Verunsicherung basierend auf Missverständnissen bis hin zur völligen Ablehnung geprägt.

Das Ziel interkulturellen Lernens ist die Qualifizierung des Mitarbeiters zur konstruktiven Bewältigung interkultureller Anforderungen. Es soll ein Sensibilisierungsprozess ablaufen, der die Mitarbeiter befähigt, interkulturelle Kompetenz zu entwickeln, um dadurch Unsicherheit beim Umgang mit fremden Kulturen vermeiden zu können, Toleranz zu entwickeln und Gemeinsamkeiten zu erkennen[52].

4.3.2 Phasen und Arten

Nach Blom und Maier werden interkulturelle Trainingskonzepte in die Phasen Orientierungs-, Verlaufs- und Re-Integrations-Training unterteilt. Die erste Phase dient durch die Vermittlung landeskundlicher Kenntnisse oder Kulturkontrastprogramme zur Vorbreitung eines Auslandsaufenthaltes. Das Verlaufstraining soll während des Aufenthalts eine begleitende kritische Reflektion der Interaktionssituationen in der Gastlandkultur ermöglichen. Die dritte Phase soll die Wiedereingewöhnung

---

[50] vgl. dazu Knorr, A.; Arndt, A.: Wal-Mart in Deutschland – eine verfehlte Internationalisierungsstrategie, http://service.spiegel.de/digas/find?DID=48007763, 2.4.2007.
Ein weiteres Beispiel für das Scheitern einer ethnozentischen Ausrichtung. Wal-Marts Misserfolg ist auf die Unfähigkeit, eine dem deutschen Markt angemessene Markteintritts- und Geschäftstrategie zu wählen und umzusetzen, zurückzuführen. Dieses Führungsversagen lässt sich wiederum mit einem großen Maß an Unwissen über die Chancen und Risiken alternativer Internationalisierungsstrategien im Kontext der Bedingungen des jeweiligen Ziellandes sowie ***mit erheblichen Defiziten im interkulturellen Management*** begründen.

[51] siehe dazu auch S. 1f., Definition des Kulturbegriffs

[52] Praktisches Beispiel zum Interkulturellen Training von Siemens siehe Anhang 5, S. 47.

nach der Rückkehr ins Heimatland in die oft veränderten Arbeits- und Lebensbedingungen nach einem längeren Auslandsaufenthalt erleichtern[53].

In der Praxis gibt es eine Vielzahl verschiedener Trainingskonzepte, von Informations- über Simulations- bis hin zu Interaktionskonzepten.

Im Informationstraining wird verstärkt Wert auf die Vermittlung von Informationen über das Gastland und die künftigen persönlichen Arbeits- und Lebensumstände gelegt.

Im Simulationskonzept hingegen ist der Fokus auf die möglichst realitätsnahe Simulation von eigenen und fremden Kulturstandards in Arbeits- und Lebenssituationen in Form von Fallstudien, Rollenspielen etc. gerichtet als auch auf die anschließende individuelle und in Gruppen stattfindende Reflektion.

Interaktionskonzepte beinhalten reale Kontakte mit Gastlandvertretern oder Interaktionssituationen vor Ort, die anschließend individuell oder gemeinsam reflektiert werden[54]. Ein Beispiel dafür ist das *Culture Assimilator-Training*[55].

4.3.3 Klassifikation von Personalentwicklungsmethoden

Personalentwicklungsmethoden lassen sich in verschiedene Dimensionen strukturieren, je nachdem ob sie als Zielgruppe das Individuum oder eine Gruppe haben. Ein weiteres Klassifikationsmerkmal ist die Unterscheidung zwischen einem direkten Bezug zur Arbeit oder einem abstrakten Charakter. Ferner wird zwischen passivem und aktivem Lernen differenziert. *Aktive und passive Trainingmethoden* unterscheiden sich nach dem Grad der Beteiligung der Lernenden an der Erarbeitung von Lernzielen. Zu den aktiven Methoden zählen Gruppenarbeit, Rollenspiel und Praktikum.

Typische Beispiele von passiven Methoden sind Lesen von Fachliteratur, Vorträge und Videofilme. *Einzel- und Gruppentraining* wird nach der Größe der Lerngruppe differenziert Entweder erfolgt die Erarbeitung eines speziellen Themas individuell oder durch Workshops.

Beim *Training on-the-job and Training off-the-job* wird nach dem Grad der inhaltlich-räumlichen Nähe des Lernstoffes/-ortes zum Arbeitsplatz des Teilnehmers unterschieden. Charakteristisch für Training on-the-job sind alle Lernmaßnahmen am Arbeitsplatz unter Einbeziehung der realen Arbeitswelt beispielsweise Praktikum, Job rotation und Einarbeitung.

Training off-the-job hat keinen direkten Bezug zum realen Arbeitsplatz wie beispielsweise Seminare, Lerngänge und Fernunterricht.

---

[53] vgl. Blom, H.; Maier, H.: Interkulturelles Management, 2. Aufl., Herne/Berlin 2004, S. 195ff.

[54] vgl. Institut für interkulturelle Didaktik: Interkulturelles Grundtraining, 2006, http://www.ikud.de/content/view/18/33/, 17.4.2007; zum Interaktionstraining vgl. auch Barmeyer, C.: Interkulturelles Management und Lernstile, Frankfurt/New York 2000, S. 326.

[55] vgl. dazu S. 24f.

Daneben gibt auch die Mischform *Training near-the-job*. Diese Trainingsmethode findet zwar nicht am Arbeitsplatz statt, steht aber mit der Arbeit in direktem Zusammenhang wie beispielsweise problembezogene Workshops oder Methoden der Teamentwicklung sowie Qualitätszirkel.

4.3.4 Das Konzept des Kulturstandards

Dieses Konzept des interkulturellen Trainings ist weit verbreitet. Es zeigt zentrale eigene und Gastland-Kulturstandards auf, lässt Unterschiede wahrnehmen, führt Simulationen von schwierigen Führungs- und Verhandlungssituationen durch und leitet übertragbare Rollen *(contrast culture-method)* ab. Dadurch wird den Teilnehmern bei aller Komplexität der Entscheidungen eine Richtschnur für das eigene Verhalten geliefert, welche es ermöglicht zwischen normalem und abzulehnendem Verhalten zu unterscheiden.

Wie schnell die Anpassung an die Gastlandkultur abläuft, hängt damit zusammen, wie man mit diesen Kulturstandards umgeht[56].

Typische Kulturstandards sind[57]:

- Bereitschaft zur Interkulturellen Zusammenarbeit,
- Fähigkeit zur länderübergreifenden Teamarbeit,
- umfassende Kommunikationsfähigkeit (inkl. Fremdsprachen),
- geringe physische Distanz zu Fremden,
- Offenheit gegenüber Andersartigen,
- Kulturelle und politische Empathie,
- Bereitschaft zur Relativierung des eigenen Wertesystems,
- Toleranz,
- Innere Stabilität zur Krisenbewältigung,
- Anpassungsfähigkeit,
- Flexibilität,
- gereifte Persönlichkeit *(maturity)*,
- gute Allgemeinbildung.

4.3.5 Culture Assimilator-Training

Auch das *Culture Assimilator-Training* basiert auf dem Interaktionskonzept der Kulturstandards und führt Simulationen durch, in denen interkulturelle Sichtweisen reflektiert werden.

[56] vgl. Blom, H.; Maier, H.: Interkulturelles Management, 2. Aufl., Herne/Berlin 2004, S. 198.
[57] Thomas, A.: Lernziel Offenheit. In: Personalführung Plus 1996, S. 30. Informationen zu amerikanischen, deutschen und chinesischen Kulturstandards siehe Anhang 3, S. 46.

Dieses Trainingskonzept findet beispielsweise Anwendung im China-Business. Dabei werden zentrale Kulturstandards chinesischer Verhandlungspartner in 45 kritischen Interaktionssituationen erlebt. Einige dieser Kulturstandards sind: das Gesicht wahren, Gastfreundschaft, Hierarchisches Denken, Nationalstolz, Trennung von Arbeits- und Privatbereich, Angst vor Sanktionen, Erklärungsbedürfnis und Vertragstreue[58].

Im folgenden Teil wird eine Fallstudie zum China-Business dargstellt, die aufzeigt, welche Strategien bei solch einem Training angewendet und welche Lerneffekte erzielt werden können.

Die Ausgangssituation beschreibt Thomas folgendermaßen: Eine deutsche Delegation reist nach China, um ihr seit zwei Jahren bestehendes Kooperationsprojekt mit einer dort ansässigen Maschinenfabrik und die Arbeiten der neu errichteten Filiale zu begutachten. Nach einem herzlichen Empfang folgt die Werksbesichtigung und der Deutsche kann sich seine Bemerkung über die zuvor harten Verhandlungen des Kooperationsvertrages nicht verkneifen. Der chinesische Werksleiter reagiert nicht auf die Bemerkung und ergreift nach Beendigung der Besichtigung schnell die Flucht. Dem Deutschen ist die Reaktion auf die von ihm doch positiv gemeinte Anmerkung über das nun sehr gute Verhältnis unverständlich. Nun sollen die Kursteilnehmer versuchen, unter mehreren zu Wahl stehenden Vorschlägen eine passende Erklärung für die Reaktion des Chinesen zu finden.

Die Erklärung für diese Reaktion lautet: Dem Chinesen war es peinlich, ein Problem anzusprechen, das bereits vorbei war.

Aus seiner Sicht ist der Deutsche nun ein Freund, weil man mit ihm eine Kooperation eingegangen ist. Alles was der Harmonie in dieser Beziehung im Wege steht, muss vermieden werden. Der Deutsche hat seinen Geschäftspartner durch Unachtsamkeit in eine schlimme Lage gebracht. Der chinesische Leiter hat sein Gesicht verloren, eine sehr schwer wieder gutzumachende Demütigung in der chinesischen Kultur[59].

5. Diversity Management

Der folgende Abschnitt beschäftigt sich mit der Integration von Mitarbeitern verschiedener Nationalität, Herkunft, Religion und Kultur als einer der zahlreichen Herausforderungen der Globalisierung. Immer mehr Unternehmen entdecken die Vorzüge einer multikulturellen Belegschaft[60].

---

[58] vgl. Bergemann, N.; Sourisseaux, A.L.J.: Interkulturelles Management, 2.überarb. Aufl., Heidelberg 1996, S. 62f.

[59] vgl. Thomas, A.: Interkulturelles Training in der Managementausbildung. In: WiSt 6/1989, S. 281ff. Zur tiefer gehenden Betrachtung der kulturhistorischen Grundlage zentraler chinesischer Kulturstandards, die schon auf Philosophen des vorchristlichen Jahrhunderts wie Mo-tsu und Konfuzius zurückreichen siehe o. V.: Chinesische Kulturstandards für Verkäufer, http://www.salestraining.de/salestraining2007/salestraining_kolumnen/salestraining_kolumne_20041001.htm, 29.3.2007

[60] Näheres zu den Führungsfunktionen innerhalb des Diversity Managements siehe Anhang 6, S. 48.

5.1 Definition

„Diversity Management bezeichnet eine Organisationsphilosophie, die auf Vielfalt setzt und diese Vielfalt bewusst in das Unternehmen integriert“[61]. Vielfalt wird folgendermaßen definiert: *„Diversity is about the difference - the differences that make us all unique“*[62].

Im Zuge der Globalisierung und der internationalen Vernetzung wird die Zusammensetzung der Belegschaften immer vielfältiger. Menschen unterschiedlicher Herkunft, Nationalität und Ethnienkultur, Religion und Fachkompetenz, mit unterschiedlichem Alter, Geschlecht oder sexueller Orientierung arbeiten am selben Fließband, in derselben Abteilung oder im gleichen Projektteam.

Arbeitgeber und Arbeitgeberinnen sehen sich heute wirtschaftlichen Rahmenbedingungen gegenüber, die stärker als je zuvor von Dynamik geprägt sind und Flexibilität zum immer wichtigeren Erfolgsfaktor werden lassen.

Die Einstellung auf internationale Kunden, Marktstrukturen und Rechtssysteme sind nicht die einzigen Kernaufgaben eines modern ausgerichteten Unternehmens. Dieses muss sich auch ganz bewusst um das Management einer zunehmend internationalen und „diversen“ Belegschaft kümmern.

5.2 Vorteile

Vorteile ergeben sich aus der Eliminierung der Nachteile einer nicht durch Chancengleichheit und einer durch Diskriminierung gegenüber Minderheiten geprägten Unternehmenskultur[63].

Durch eine Unternehmenskultur, die die Vielfalt der Beschäftigten nur wahrnimmt und nicht gezielt fordert als auch fördert, entstehen zusätzliche Kosten für eine Organisation, die auf das schlechte Arbeitsklima zurückgeführt werden können. Sie entstehen beispielsweise durch:

- Dienst nach Vorschrift, geprägt von geringer Eigeninitiative und Motivation
- Passivität, innere Kündigung, "gehe bald in Rente", Vorruhestand
- Widerstand, trotzige Verhaltensweisen
- Ausnutzen der Lücken (Arbeitszeit und -equipment für eigene Interessen nutzen)
- Diskriminierendes Verhalten (Witze über andere, Unhöflichkeit, Zurückweisung, Beleidigung)

Mit dem Diversity Management Ansatz ist es möglich, die Diskriminierungsrisiken zu minimieren, ein besseres Arbeitsklima zu schaffen, mehr Zufriedenheit, eine höhere Arbeitsmoral, deutliches Engagement, zunehmende Produktivität als auch wachsenden Profit zu erzielen[64].

---

[61] Hecht-El Minshawi, B.: Managing Cultural Diversity, http://www.cifa-crossculture.de, 27.3.2007
[62] William Taylor, President & CEO, Mercedes-Benz U.S International, http://www.cifa-crossculture.de, 27.3.2007

[63] Ergänzende Darstellung siehe Anhang 7, S. 48.
[64] Hecht-El Minshawi , B.: Managing Cultural Diversity, http://www.cifa-crossculture.de, 27.3.2007

5.3 Diversity-orientierte Personalstrategien

Diversity-Politik und interkulturelle Richtlinien können in der Unternehmensstrategie in Form von Unternehmens- oder Personalleitlinien verankert werden.

Daneben kann auch in der Personalabteilung eine spezielle Diversity-Beratung implementiert werden, die vergleichbar mit der Qualitätssicherung, Diversity-Strategien entwickelt und durchführt.

Zu den Aufgaben dieser Abteilung könnten zählen[65]:

- Diversity-Kulturanalyse durchführen, (Bestand, Arbeitsbedingungen, Vergütung, Karrierewege…),
- Sensibilisierung des Personalmanagements und der Linienführungskräfte für das Thema Diversity[66],
- Individueller neutraler Ansprechpartner für Mitarbeiter, die sich diskriminiert fühlen,
- Interkulturelles Coaching, Beratung und Moderation,
- Interkulturelle Organisationsentwicklungsprozesse initiieren und begleiten.

5.4 Praxisrelevanz

Global Player wie zum Beispiel Bertelsmann haben das Konzept des Diversity Managements fest in ihre Unternehmensstrategie integriert und sehen es als essenzielle Quelle für ihren Erfolg. *„The point is to take diversity, the various respective skills and talents that each individual has, and use them for the success of the overall system"*[67].

Diversity Management wird als zwingende Voraussetzung für einen nachhaltigen Erfolg des Unternehmens angesehen. Aus diesem Grund wird auch dem Wert Freiheit eine große Bedeutung beigemessen, denn Vielfalt kann nur dann Kreativität hervorbringen, wenn sie auf dem Prinzip der Freiheit gegründet ist. *„Diversity will only breed creativity - our most important resource and the base of our success - if it can unfurl in freedoom"*[68].

Freiheit im unternehmerischen Sinne bedeutet, die Möglichkeit zu haben, Entscheidungen zu treffen als auch unabhängig handeln zu können. Durch diese Tatsache wird auch die dezentralisierte Unternehmensstruktur bei Bertelsmann begründet, die als eine der Voraussetzungen für die Schaffung und Förderung von Kreativität fungiert. Praktisch wird diese Philosophie durch die Bertelsmann Stiftung umsetzt[69].

---

[65] Blom, H.; Maier, H.: Interkulturelles Management, 2. Aufl., Herne/Berlin 2004, S. 268f.

[66] Ergänzende Darstellung siehe Anhang 9, S. 49.

[67] Bertelsmann media worldwide (Hrsg.): All the world`s a stage, Annual Report 2005, S. 10.

[68] ebd., S. 10.

[69] Der gesellschaftliche Wandel und der Umgang mit kulturellen Unterschieden werden in der Globalisierung zu einer Herausforderung für Politik, Wirtschaft und Zivilgesellschaft. Die Bertelsmann Stiftung organisiert vor diesem Hintergrund Internationale Kulturforen, um die Weltsichten und Identitätsvorstellungen nicht-europäischer Gesellschaften sowie ihr Verhältnis zum Globalisierungs- und Modernisierungsprozess zu beleuchten sowie Gemeinsamkeiten und Brücken aufzuzeigen. Nach Veranstaltungen in Tokio (2001), Peking (2004) und Neu Delhi (2005) hat sich ein Asienschwerpunkt herausgebildet, der weiter vertieft werden soll.

6. Deutsch-japanische Wirtschaftsbeziehungen aus interkultureller Sicht

Dieses Kapitel wird sich mit den deutschen Geschäftbeziehungen zu Japan beschäftigen und zunächst einen kurzen Überblick über den Status quo dieser Geschäftsaktivität geben, um im zweiten Abschnitt auf die Besonderheiten dieser Geschäftsbeziehung im Hinblick auf die interkulturelle Komponente einzugehen. Es soll eine abschließende Betrachtung liefern, indem es die zuvor dargestellten Kapitel in einen konkreten Zusammenhang stellt.

6.1 Bestandsaufnahme

Die Globalisierung hat auch Japan erreicht. Untersuchungen haben ergeben, dass die deutschen Automobilhersteller sich in den letzten Jahren verstärkt an Joint Ventures mit japanischen Unternehmen beteiligt haben.

Seit dem Frühjahr 2002 bauen beispielsweise DaimlerChrysler und Mitsubishi gemeinsam ein Motorwerk in Thüringen im Wert von knapp 250 Mio. Euro auf. Im Mai 2002 kündigten DaimlerChrysler, Hyundai und Mitsubishi Motors die Gründung der Global Engine Alliance zur Entwicklung und Produktion von Vierzylinder-Reihen-Benzinmotoren an.

Der Zugang zum japanischen Automobilmarkt ist von großer strategischer Bedeutung. So haben die Zulieferfirmen Continental, Dürr, Eschda und Behr in den letzten Jahren ihr Engagement in Japan verstärkt. Auch das Unternehmen Kiekert plant für die Zukunft ein Entwicklungszentrum in Japan[70].

Diese Entwicklung zeigt, dass deutsche Manager sich zwingend mit der interkulturellen Komponente der Geschäftsziehung beschäftigen müssen, um Kulturdivergenzen und darauf basierende Konflikte vermeiden und einen nachhaltigen Erfolg der interkulturellen Geschäftaktivitäten gewährleisten zu können.

6.2 Besonderheiten der japanischen Geschäftskultur

Im japanischen Managementsystem interagieren je nach Entscheidungssituation das Familien-, das Wohlfahrts- und das Humanitätsprinzip mit dem Gruppenprinzip[71]. Das Gruppenprinzip beinhaltet den Vorrang kollektiver Interessen gegenüber den Interessen des Einzelnen[72].

Das Selbstwertgefühl der Japaner lässt sich auf die frühkindliche Erfahrung zurückführen. Sie lernen mit all ihren Fehlern und Unzulänglichkeiten akzeptiert zu werden, und zwar nicht aufgrund persönlicher Leistung, sondern wegen ihrer Existenz[73].

Siehe dazu auch o. V.: Internationale Kulturforen, http://www.bertelsmannstiftung.de/cps/rde/xchg/SID-0A000F0A-4AD8FDF2/bst/hs.xsl/11190.htm, 5.4.2007

[70] Informationen stammen von den Internetseiten der jeweiligen Unternehmen.

[71] vgl. dazu auch Sergey Frank: Verhandeln in Japan, http://www.managermagazin.de/koepfe/karriere/0,2828,371602,00.html, 3.4.2007

[72] siehe dazu S. 7f.

[73] vgl. Bergemann, N.; Sourisseaux, A.L.J.: Interkulturelles Management, 2.überarb. Aufl.,

„In der japanischen Gesellschaft erreicht man Erfolg nicht aufgrund individueller Aggressivität, sonder im Vertrauen auf den Schutz der Gruppe - der Familie, der Arbeitsgruppe, der Firma“[74]. Diese Tatsache erklärt auch, wieso das Sozialverhalten über das Kriterium „fachliches Können gestellt“ wird[75].
Japaner richten ihr Verhalten im Gegensatz zu der westlichen Kultur weniger an inneren als an äußeren Normen aus. In der westlichen Kultur sind die allgemeingültigen Normen vom Christentum geprägt. Wenn der Einzelne diese respektiert, dann ist es für ihn unbedeutend, wie andere sein Verhalten beurteilen. Japaner dagegen machen sich Gedanken über die Bewertung ihrer Handlungen durch die relevante Bezugsgruppe. Sie fragen sich, ob irgendeine ihrer Handlungen die Harmonie der Beziehung zwischen Individuum und Umwelt stören könnte.
Keller charakterisiert die japanische im Gegensatz zur „anspruchszentrierten“ europäischen Gesellschaft als „verpflichtungszentriert“ und erklärt damit die Konfliktarmut der Japaner. Auf unser Sprichwort, „wenn sich zwei streiten, freut sich der Dritte“, folgt das japanische Ende „werden beide bestraft“[76].

6.2.1 Kulturhistorische Grundlage des Gruppenprinzips

Dieses Prinzip wird von dem Familienprinzip unterstützt. Übertagen auf die Unternehmensfamilie bedeutet dies, dass nicht wirtschaftliche Ziele (Gewinnmaximierung, Erhöhung des Marktanteils) im Vordergrund stehen, sondern das Überleben der Gruppe die Strategien maßgeblich beeinflusst. Diese Philosophie ist wohl einer der ausschlaggebenden Gründe dafür, dass den Amerikaner nach Kriegende die Zerschlagung der übermächtigen Unternehmensgruppen *Zaibatsu*[77] letztlich misslungen ist[78].
Ausgangspunkt für die speziellen Arbeitnehmer-Arbeitgeber-Beziehungen war das kollektive Gefühl der Bedrohung und Armut, das im Kontrast zu der sogar nach dem verlorenen Krieg noch vorhandenen Überlegenheitsideologie stand.
Im Zuge der Liberalisierung des Welthandels wurde dieses Gefühl der Überlegenheit auf die als erdrückend empfundenen Konkurrenten aus den westlichen Industriestaaten projiziert. Die von diesen Konkurrenten ausgehenden Gefahren veranlassten die Herausbildung des allgemeinen Bewusst-

---

Heidelberg 1996, S. 117.
[74] Kubota-Müller, B.: Freundliches Kopfnicken bedeutet keine Zustimmung. Entscheidungsfindung im japanischen Wirtschaftsleben. In: Blick durch die Wirtschaft, 32/1989, S. 7.
[75] vgl. Ueno, H.: Nippons Personalchefs müssen umdenken. In: Havard Manager, 10/1988, S. 55ff.
[76] vgl. Keller, R.: Kulturelle und wirtschaftliche Eigenarten Japans. Haben uns die Japaner überholt?, Sauer, 1981, S. 15ff.
[77] Zaibatsu: A powerful family-controlled commercial combine of Japan.
A Japanese conglomerate or cartel.
[Japanese : zai, wealth (from Middle Chinese dzəj) + batsu, powerful person or family (from Middle Chinese buat).], o. V.: Zaibatsu, http://www.answers.com/topic/zaibatsu, 3.4.2007
[78] vgl. Woferen. A. van: Gefährliche Ignoranz. Die Regeln der Japan AG bleiben den westlichen Industrieländern völlig unbegreiflich. In: Die Zeit, 45/1990, S. 30.

seins vom Unternehmen als Schicksalsgemeinschaft. Diese Gemeinschaft hat einen mit den Mitteln des wirtschaftlichen Wettbewerbs geführten Krieg zu bestreiten. Dieses vermag zu erklären, warum jedes fertige vom Band rollende Fahrzeug bei Toyota ein unfehlbares Motivationsmittel darstellt[79].

6.2.2 Das Gesetz des Giri

Geschäftsreisende in Japan müssen immer gut bestückt sein mit Geschenken. Denn fehlende Geschenke beeinflussen das Vertragsklima negativ. In Japan beschenkt man sich das ganze Jahr über gegenseitig. Einen wichtigen Anlass zum offiziellen Schenken liefert der Besuch einer Firma durch Delegierte eines anderen Unternehmens.

Diese Tatsache lässt sich durch das Gesetz des *giri* erklären, welches besagt, dass jede Person eine ihr erwiesene Gefälligkeit durch eine andere Gefälligkeit zurückzahlen muss. Der Beschenkte verpflichtet sich dem Schenkenden bei der nächstmöglichen Gelegenheit, ein Gegengeschenk oder eine Gegengefälligkeit zu machen. Es wird sogar gedanklich ein „Sozialkonto" über die Guthaben und Schulden geführt. Japaner brauchen sehr viel Disziplin und Augenmaß, um dieses Ritual der Gefälligkeiten und Gegengefälligkeiten unter Kontrolle zu haben. Die größte Gefahr birgt sich in dem Entstehen einer *giri-Spirale,* bei dem der Beschenkte den Schenkenden im Wert des Geschenkes übertreffen will[80].

6.3 Potenzielle auf interkulturellen Unterschieden basierende Konflikte

Am Beispiel von Japan und Asien[81] allgemein lassen sich die auf interkulturellen Unterschieden basierende Konflikte sehr gut aufzeigen, da hier zum einen die unterschiedliche Religion[82] als auch die gewählte Regierungsform einen starken Kontrast zu Deutschland bilden. Selbstverständlich lassen sich interkulturelle Konflikte auch auf andere Nationen übertragen. Sie lassen sich jedoch auf andere Unterschiede zwischen den Kulturstandards zurückführen[83].

Diese Konflikte können auf verschiedenen Ebenen auftreten, ob nun in der Geschäftwelt oder im sozialen Bereich. Eines haben sie doch alle gemeinsam, sie erschweren die Kommunikation und die Zielerreichung, die abhängig von der jeweiligen Situation beim Zusammentreffen der unterschiedlichen Kulturen im Vordergrund steht.

Im Zuge der Globalisierung gewinnen interkulturelle Kontakte immer mehr an Bedeutung und müssen öfter denn je gemeistert werden. Der Begegnung mit anderen Kulturen müssen sich nicht nur

---

[79] vgl. Bergemann, N.; Sourisseaux, A.L.J.: Interkulturelles Management, 2.überarb. Aufl., Heidelberg 1996, S. 118.
[80] vgl. Linke, R.; Bischof-Okubo, Y.: Erfolgreiche Verhandlungen mit Japanern, Frankenthal 2004, S. 123ff. Zur weiteren Betrachtung der Besonderheiten in der japanischen Geschäftskultur siehe S. 127ff.
[81] Ergänzende Informationen zur deutschen und chinesischen Verhandlungskultur siehe Anhang 2, S. 45.
[82] Konfuzianismus, Buddhismus und Schintoismus bilden die Basis für die japanische Philosophie, die Wertvorstellungen und das Verhalten der Menschen, vgl. dazu auch o. V.: Konfuzianismus, http://www.explorekorea.de/kultur/useite_konfu01.htm, 10.4.2007; Gerhard Fetzner: Ein Streifzug durch die großen Religionen der Welt, http://www.efghohenstaufenstr.de/downloads/mission/wr_schintoismus.html, 9.4.2007
[83] Ergänzende Informationen siehe Anhang 1, S.44.

Unternehmen mit Auslandsaktivitäten stellen, sondern alle in einer demokratisch und modern ausgerichteten Gesellschaft lebenden Menschen.
Wenn nun kein interkulturelles Verständnis vorhanden ist, wird der Umgang mit den sich rapide verändernden Umweltbedingungen in einer globalisierten Welt erschwert. „Zusammenarbeit ist notwendig und wird immer notwendiger. Wenn wir mit dem anderen zusammenarbeiten wollen, dann müssen wir ihn auch verstehen lernen mit seinem Selbstverständnis, seinen kulturellen Wurzeln, seiner geistigen Prägung“[84].
Konflikte zwischen Japanern und Deutschen können sich beispielsweise aus dem unterschiedlichen kulturellen Hintergrund bezüglich des Harmonieverständnissen ergeben. Japan ist durch eine stark kollektivistische Prägung gekennzeichnet, nach der Harmonie oberstes Gebot ist und Konflikte um jeden Preis zu vermeiden sind. Deutsche hingegen haben eine andere Sichtweise bezüglich der Konsensfindung. Umfrageergebnisse, wonach deutsche Führungskräfte 60-80% ihrer Managementzeit zur Überwindung unternehmensinterner Widerstände verwenden müssen, während Japaner lediglich 20-30% aufwenden[85], belegen diese These.
Aus dieser Tatsache können sich beispielsweise folgende Konflikte bei geschäftlichen Kontakten ergeben: Die Deutschen werden stärker ihre individuelle Meinung einbringen wollen, welche auch erwünscht ist, um später aus der Vielfalt der Meinungen und nach Abwägung aller einzelnen Argumente, die beste Lösung zu finden. Japaner hingegen werden versuchen, Konflikte zu vermeiden, und sich vor heftigen Auseinandersetzungen scheuen, um ihrem Harmoniebedürfnis gerecht zu werden. Dieses Verhalten würde auf beiden Seiten Unverständnis über die jeweilige Reaktion des anderen hervorrufen. Die Deutschen würden das japanische Verhalten möglicherweise als mangelndes Engagement deuten und der persönlichen Inkompetenz, sich artikulieren zu können, zuschreiben. Aus japanischer Sichtweise wäre jedoch das bewusste Streben nach Auseinandersetzungen ein Verstoß gegen das Gruppenprinzip[86] und somit inakzeptabel.
Ein weiteres Beispiel, welches die Basis für interkulturelle Missverständnisse liefert, ist die „Imitiersucht“ der Asiaten. Europäer können sie nicht verstehen, wohingegen Asiaten die aus „dem Nichts entbrannte“ Wut der Europäer unbegreiflich ist. Dieses Verhalten der Asiaten ist auf die kollektivistische/partikularistische Prägung der Kultur zurückzuführen. Das Ziel der Gruppe steht in solchen Gesellschaften im Vordergrund und muss konsequent und so gut wie möglich verfolgt werden. Gesellschaften mit einer partikularistischen Ausrichtung neigen dazu, den partikulären Interessen größere Bedeutung beizumessen. Es ist nicht verwerflich, Freunde nach anderen Maßstäben und somit besser zu behandeln. Folglich erscheint das Verhalten der Asiaten als zwingend notwendig,

[84] Rede des ehemaligen Bundespräsidenten in der Fudan Universität in Shanghai am 14.September 2003, Han, Xinliang: Führungskräfteentwicklung im Vergleich deutscher und chinesischer Unternehmenskultur, http://deposit.ddb.de/cgi-bin/dokserv?idn=979775728&dok_var=d1&dok_ext=pdf&filename=979775728.pdf, S. 1, 10.4.2007
[85] vgl. Simon, H.: Zeitgeiz. In: Managermagazin, 18/1988, S. 162f.
[86] vgl. dazu S. 8.

um die Interessen der Gruppe, in diesem Fall des Unternehmens, so gut wie möglich zu vertreten. Auch wenn sie aus europäischer Sicht unethisch handeln, ist es aus ihrer Perspektive moralisch nicht verwerflich, da Entscheidungen situationsabhängig getroffen werden dürfen[87]. Aus Sicht der Deutschen, die individualistisch/universell geprägt sind, ist dieses Verhalten nicht nachvollziehbar, da für sie allgemeingültige Werte wichtiger sind als persönliche Beziehungen und Vorzugsbehandlungen aus diesem Grund als unethisch angesehen werden[88].

6.4 Dimension der Auswirkungen

Missverständnisse auf der interkulturellen Ebene, die aus der Unkenntnis anderer Kulturen resultieren, haben weit reichende Auswirkungen auf verschiedene Bereiche.

Es können sich Vorurteile entwickeln, die sowohl für die soziale als auch geschäftliche Ebene negative Konsequenzen zur Folge haben.

Auf der sozialen Ebene bedeutet dies, dass die Integration von Menschen aus anderen Kulturkreisen erschwert wird. Beide Seiten begegnen sich mit Vorsicht, da sie die gegenseitigen kulturellen Eigenarten nur schwer verstehen können. Es entsteht eine Abwehrhaltung gegen alles Fremde. Diskriminierungen sowie Fremdenhass haben einen guten Nährboden. In einer globalisierten Welt hat diese Entwicklung verheerende Folgen, da immer mehr Länder in einer multikulturellen Gesellschaft leben und Unternehmen immer öfter global operieren.

Weiterhin würde sich die Zusammenarbeit auf der geschäftlichen Ebene nur sehr schwer gestalten, weil erfolgreiche Gespräche und Verhandlungen durch Ressentiments auf beiden Seiten erschwert wären. Durch das Unverständnis des gegenseitigen Verhaltens wäre die Effektivität der Verhandlungen minimiert.

In multinationalen Unternehmen wäre die Teamarbeit stark gefährdet, wenn verschiedene Kulturkreise mit gegenseitigen Vorurteilen aufeinander treffen und dadurch stichhaltige Argumente von der Gegenseite „überblendet" werden.

Außerdem erhöht sich durch Vorurteile die Gefahr des Mobbings, welches wiederum negative Konsequenzen auf das Arbeitklima als auch auf die Arbeitsqualität der betroffenen Mitarbeiter hat[89].

Ferner zeigen aktuelle Entwicklungen die weit reichenden Auswirkungen der Globalisierung sowie das in diesem Zusammenhang stehende nicht vorhandene interkulturelle Verständnis, durch welches die ohnehin schon zahlreichen negativen Effekte verstärkt werden. Ein Beispiel dafür ist das extreme Ansteigen der illegalen Einwanderer, welche sich nach einem Leben in dem reichen Euro-

---

[87] Normalerweise wird Handeln immer durch eine Person und Situation (=Sit) bestimmt, aber die *Situationsethik* geht davon aus, dass ethische Entscheidungen allein auf die Situation zurückgehen bzw. von der Sit abhängig sind, in welcher eine Person handelt (diese Sitlage verändert sich aber ständig und ist somit hochkomplex), o. V.: Situationsethik, http://www.studi.fh-wuerzburg.de/fsp/skripte/sem7/WerteNormten6.12.05.pdf, S. 1, 10.4.2007

[88] vgl. dazu S.8ff.

[89] vgl. o. V. : Die Kosten die durch Mobbing entstehen, http://www.dgb.de/themen/mobbing/mobbing_05, 8.4.2007

pa sehnen und die damit verbundene Diskriminierung dieser Menschen durch weite Teile der Bevölkerung, die zum einen aus dem fehlenden Verständnis des historischen Hintergrunds als auch der Abneigung gegen alles „Fremde“ und „Andersartige“ resultiert.
Abschließend lässt sich zusammenfassen, dass die extrem schnell voranschreitende Globalisierung, alle Nationen dazu zwingt, sich mit der kulturellen Vielfalt zu beschäftigen und deren Vorteile zu bündeln und zu verstärken, um imstande zu sein, die negativen Auswirkungen der Globalisierung zu mildern und ihre Vorteile zu nutzen. Es gibt keine Unterscheidung zwischen arm oder reich zwischen der sozialen oder der geschäftlichen Ebene. Die Globalisierung erreicht früher oder später alle. Aus diesem Grund lassen sich die Herausforderungen, vor die sie uns stellt, nur gemeinsam meistern.

6.5 In Betracht kommende Lösungsansätze

Die oben beschriebenen Konflikte, die nur als Ausschnitt des gesamten Globalisierungsproblems dienen sollen, zwingen alle Nationen zum Umdenken. Dass die Globalisierung nicht aufzuhalten ist, steht fest. Doch wie die daraus resultierenden Probleme gelöst werden können, bedarf noch einer genaueren Analyse.
Mahatma Gandhi hat eine zum Nachdenken anregende These aufgestellt, wie ein Individuum zur Lösung des hochkomplexen Problems beitragen könnte. „Die Größe des Menschen liegt weniger in der Fähigkeit, die Welt zu erneuern - das ist nur ein Mythos des ‘Atomzeitalters’ -, sondern uns selbst zu erneuern“[90]. Dieses Zitat macht deutlich, dass die Menschen zunächst einmal für Veränderungen sensibilisiert werden müssen. Sie müssen bereit sein, sich ihnen zu stellen, deren Ursachen und Notwendigkeit verstehen zu lernen und bereit sein, die gewohnten Verhaltensweisen anzupassen, um durch all diese Bemühungen, die Vorteile dieser Veränderungen erkennen und nutzen zu können.
Die oben im Kapitel vier und fünf beschriebenen Strategien und Konzepte zum erfolgreichen internationalen Management können nur dann effektiv angewendet werden, wenn derjenige, der sie initiiert, von der Wirkung überzeugt und selber anpassungsfähig ist und diejenigen, die sie befolgen, bereit sind ihr eigenes Verhalten aus reiner Selbstüberzeugung zu adaptieren.
Die konfuzianische Ethik könnte in diesem Zusammenhang als Leitschnur für erfolgreiches Handeln fungieren. Denn der Glaube an die Vervollkommnung der menschlichen Natur aus eigener Anstrengung ist die Wurzel dieser Ethik. Dieser Glaube dient als Antrieb für die Kultivierung des eigenen inneren Wachstums und betrachtet dieses Wachstum als eines der wichtigsten Lernprojekte

---

[90] Mahatma Gandhi, Schuppert, D.; Papmehl, A.; Walsh, I. (Hrsg.): Interkulturelles Management, Wiesbaden 1994, S. 15.

des Seins[91]. Hat man die Werte dieser Ethik verinnerlicht, wird es dem Einzelnen leichter fallen, notwendige Veränderungen zu erkennen und aus eigener Überzeugung durchzuführen.

Wenn beispielsweise ein Angestellter eines multinationalen Unternehmens ein Problem mit seinem aus einem anderen Kulturkreis stammenden Arbeitskollegen feststellt, wird er die Lösung nicht nur in dem nicht angemessenem Verhalten seines Kollegen suchen, sondern versuchen sein eigenes Handeln zu überdenken und zu ändern, um die oben erwähnte Vervollkommnung zu erzielen.

Weiterhin muss zur Lösung interkultureller Konflikte der unzureichende ja sogar falsche Begriff von Integration revidiert werden, der viele davon abhält sie anzustreben. Für die meisten bedeutet Integration Verschmelzung. Der eine frisst und der andere wird gefressen und hat sich im Fressenden aufzulösen. Wissenschaftlich vornehm ausgedrückt wird es natürlich als Assimilation oder Enkulturation[92] bezeichnet. Aber in der Realität weiß man, dass der eine gewinnt und der andere verliert. Es müsste jedoch ein völlig neues Verständnis von der Integration etabliert werden. Integration sollte so interpretiert werden wie es die Wurzel des Begriffes vorsieht[93], nämlich als die Möglichkeit gemeinsam etwas Neues zu schaffen. Dabei ist die Betonung auf „gemeinsam“ zu lenken, dass heißt, ohne die Eigenarten einer anderen Kultur zu eliminieren.

Ferner ist den Eltern eine bedeutende Rolle zuzuschreiben, da sie den bedeutendsten Einfluss auf das multikulturelle Verständnis ihrer Nachkommen und somit der zukünftigen Generation ausüben. Die kulturelle Identität entwickelt sich aus den Werten, die von den Eltern vorgelebt werden.

Zusätzlich kann ein großer Beitrag der Medien zum interkulturellen Verständnis geleistet werden, indem eine differenzierte Berichterstattung betrieben wird, um dadurch bewusst Schwarzweißmalereien zu verhindern.

Abschließend ist festzuhalten, dass weiterhin ein tieferes Bewusstsein über die eigene Kultur und deren kritische Betrachtung eine zwingende Voraussetzung für den sensiblen Umgang mit anderen Kulturen darstellen. Dieses Bewusstsein ist unabdingbar für interkulturelle Managementfertigkeiten, die wiederum dazu beitragen, die Vielfalt auf dem globalen Markt zu verstehen und neue kreative Lösungen für die Herausforderungen der Globalisierung zu generieren.

---

[91] vgl. ebd., S. 25.

[92] *Enkulturation* bezeichnet die Gesamtheit der bewussten und unbewussten Prozesse, durch die ein Individuum die grundlegenden Elemente der Kultur, in der es lebt, erkennt, aufnimmt und verinnerlicht (internalisiert). Wenn der Einzelne diese Elemente (wie Tradition, Werte und Normen) erfolgreich in seine Persönlichkeit integrieren kann, wird er zum aktiven Mitglied seiner Kultur, auf die er dann auch gestalterisch einwirkt, o. V.: Enkulturation, http://www.socioweb.de/lexikon/lex_geb/begriffe/enkultur.htm, 11.4.2007

[93] *Integration:* kommt von integer: makellos, unbescholten. Das Adjektiv wurde, wohl unter dem Einfluss von intègre aus dem Französischen entlehnt. Aus Lat. integer: unberührt, unversehrt, ganz, das mit verneinendem "in" zur Sippe von tangere (lat. berühren) gehört. integrare: unversehrt machen, wiederherstellen, *ergänzen*, o. V.: Definitionen, http://www.integrationstherapie.at/html/definition.html, 11.4.2007

7. Kulturelle Globalisierung

7.2 Risiken

In der globalisierten Welt prallen verschiedene ökonomische, politische und kulturelle Formen aufeinander. Die Risiken liegen in dieser Tatsache begründet. Sie sind zum einen durch die aggressive Verbreitung westlicher Kulturgüter und zum anderen durch die verstärkte Wiederentdeckung nationaler Werte als Reaktion auf den Versuch des Westens, eine einheitliche Weltkultur zu schaffen, zu erklären. Die westlichen Industrienationen strömen mit ihren standardisierten Produkten auf den Weltmarkt und verbreiten ihre Waren über alle Grenzen hinweg. Mittlerweile gibt es auf der ganzen Welt McDonalds-Filialen. Beinahe alle Nationen werden von den Produkten aus dem modernen Westen angezogen. Sie zu konsumieren, wird zum Trend und lässt viele ihrem Traum von einem schöneren Leben, der tagtäglich in den Medien zelebriert wird, ein wenig näher kommen. Doch durch die Präsenz von McDonalds oder anderen großen Weltkonzernen geraten traditionelle Anbieter oftmals unter starken Konkurrenzdruck und sind gezwungen, sich als Verlierer zurückzuziehen. Der universelle Konsum von globalen Produkten führt aus Sicht der Betroffenen zu einer „Verarmung“ ihrer Kulturen, indem westliche Werte einfach übernommen werden, und hat interkulturelle Konflikte zur Folge, die verheerende Dimensionen annehmen. Die globale Präsenz und der omnipotente Auftritt Amerikas bilden die Basis für die strikte Ablehnung von amerikanischen Werten und der ganzen Nation an sich durch fundamentalistische Muslime weltweit. Solch eine blinde Abwehrhaltung gegen alles Amerikanische und Westlichen ist der ideale Nährboden für eine weitere Generation von Terroristen[94].

Diese Entwicklung lässt sich damit erklären, dass durch die immer weiter voranschreitende Ausbreitung westlicher Konsumgüter und Kulturmuster eine verstärkte Rückbesinnung auf lokale kulturelle Traditionen zu beobachten ist. Aufgrund des Vereinheitlichungsdrucks weltweit gleicher Kulturangebote werden die charakteristischen Merkmale der eigenen Kultur hervorgehoben. Kulturelle Internationalisierung hat somit die kulturelle Identitätssuche in lokalen, regionalen und nationalen Bezügen zur Selbstvergewisserung zur Folge. Diese verstärkte Identitätsbindung an traditionelle Wertemuster geht oftmals über die Identitätsstabilisierung hinaus und dient zur ideologischen Begleitung und Rechtfertigung von Diskriminierung, Unterwerfung und Kriegen, wie es die gegenwärtigen gewaltsamen Konflikte demonstrieren[95].

Als weiteres Risiko kann weiterhin die Revolution in der Informationstechnologie genannt werden, die durch die weltweite Verbreitung aktueller Ereignisse auf der ganzen Welt eine neue Dimension erreicht hat. Nachrichten über die Lebenssituationen und Kulturen aller Menschen auf unserm Globus üben einen entscheidenden Einfluss auf Minderheiten aus. Sie vergleichen ihre Situation mit

---

[94] vgl. dazu auch S.37.: Indoktrination des elterlichen Verhaltens und ihre Auswirkungen auf das interkulturelle Verständnis und die kulturelle Identität.

[95] vgl. Wagner, B.: Kulturelle Globalisierung - Zwischen Weltkultur und kultureller Fragmentierung, Essen 2001, S. 15.

anderen und nehmen an, dass es ihnen besser geht. Der entscheidende Unterschied zu früher ist der, dass Diskrepanzen bezüglich der Lebenssituationen in verschiedenen Ländern schon immer existiert haben, doch dass zum einen die Kluft zwischen arm und reich durch die Globalisierung immer weiter vergrößert wird und sie zum anderen durch die weltweite Verbreitung der Medien zusätzlich allen stärker als je zuvor visualisiert und bewusst gemacht wird. Dieses führt zur Suche nach neuen Feindbildern, die für die Misere verantwortlich gemacht werden können, was wiederum in Konflikten und Kriegen resultieren kann.

7.1 Chancen

Die Chancen kultureller Globalisierung liegen in der Realisierung der Vorteile kultureller Vielfalt und ihrer gezielten Nutzung. Wenn sich die oben beschriebenen Risiken abmildern lassen, können Vorteile effektiv und zum Wohl aller genutzt werden.

Die Vorteile kultureller Vielfalt bieten die Auseinandersetzung mit neuen Kulturen. Durch die Konfrontation mit andersartigen Kulturen kann eine kritischere Haltung zur eigenen Kultur eingenommen werden. Wenn Menschen andere Werte und Normen kennen, haben sie die Möglichkeit, ihre eigenen Wertmaßstäbe zu vergleichen und kritisch zu bewerten. Der Horizont wird erweitert, indem über den Tellerrand hinaus geschaut wird. Dadurch erschließen sich nicht nur im interkulturellen Kontext neue Dimensionen. Eine Veranschaulichung liefert folgendes Beispiel: Ein Mensch, der nur eine Regierungsform kennt, wird sich schwer tun, diese kritisch zu beleuchten und Vor- sowie Nachteile zu nennen. Er wird aufgrund der einseitigen Ausrichtung auf nur eine Regierungsform durch Subjektivität bei der Beurteilung gekennzeichnet sein. Ist er jedoch über die vielfältigen Varianten informiert, wird es ihm leichter fallen durch Vergleiche, die Vor- und Nachteile herauszustellen und möglicherweise eine ganz neue Variante durch die Kombination aller Möglichkeiten zu entwickeln. Die Auseinandersetzung mit anderen Kulturen und das Verstehen des kulturhistorischen Hintergrunds fördert das Verständnis für andere Nationalitäten und ihr „spezielles Verhalten". Diese Konfrontation ebnet den Weg für mehr Toleranz und eröffnet neue Möglichkeiten der interkulturellen Zusammenarbeit, welche viele Vorteile mit sich bringt.

Wie in Kapitel fünf bereits dargestellt, können mit einem gezielten Diversity Management eine gesteigerte Produktivität als auch wachsender Profit erzielt werden[96].

Doch die materiellen Vorteile sind mit dem Ausmaß der Bereicherung für zwischenmenschliche Kontakte nicht gleichzusetzen. Wachsende Toleranz, Pluralismus und der interkulturelle Austausch sind für das künftige soziale Zusammenleben aller Nationalitäten weitaus wichtiger.

Die Globalisierung „zwingt" fast alle Menschen zur Auseinandersetzung mit bis dahin weit weg lebenden und nur vom Hörensagen bekannten Kulturen. Sie bietet uns die Chance die „fremden"

[96] vgl. dazu auch S. 26ff.

Kulturen in verschiedenen Ebenen, ob im sozialen Umgang oder im geschäftlichen Bereich, kennen zu lernen und ein Urteil über sie zu bilden. Sie eröffnet uns weiterhin die Möglichkeit, einen Beitrag zum interkulturellen Verständnis zu leisten, indem sie uns tagtäglich mit fremden Kulturen konfrontiert. Durch tolerantes und faires Verhalten des Einzelnen kann ein positiver Beitrag zum interkulturellen Verständnis ohne großen Aufwand geliefert werden. Denn der interkulturelle Austausch muss nicht vom Einzelnen initiiert werden, sondern begegnet uns jeden Tag als Begleiterscheinung der Globalisierung. Je mehr Menschen zu dieser Erkenntnis gelangen, desto einfacher wird es, die Risiken zu minimieren und von den Vorteilen zu profitieren.

8. Ausblick

Abschließend lässt sich festhalten, dass Risiken und Chancen beide charakteristische Merkmale der kulturellen Globalisierung sind. Es hängt in entscheidendem Maße von dem menschlichen Verhalten ab, welcher der beiden Eigenschaften Vorrang gewährt werden muss.

Erkennen Menschen die Notwendigkeit der Anpassung ihres alt bewährten Verhaltens, wird es ihnen erst möglich werden von den Vorteilen der kulturellen Vielfalt zu profitieren. Schaffen sie es jedoch nicht diese Erkenntnis zu erwerben, werden sich die Risiken in verheerenden Ausmaßen realisieren. Es ist kaum zu bezweifeln, dass die Kluft zwischen arm und reich geschlossen werden muss, da ihre Vertiefung zu einer Katastrophe führen wird.

Diese Erkenntnis stellt vor allem die von der Globalisierung profitierenden Gesellschaften vor eine immense Herausforderung, denn die Industrienationen leben in Gesellschaften, die sich dem Besitz- und Profitstreben verschrieben haben. Die Existenz des Menschen in solch einer Gesellschaftsform ist auf die Ansammlung materieller Werte als einzig denkbare Art zu leben gerichtet. Diese Tatsache wirkt sich in entscheidendem Maße auf das Gelingen der notwendigen Anpassung aus. Sie gehören zu der Klasse derjenigen, die haben. Sie haben nicht nur das Notwendigste, sondern sind über die Maßen verwöhnt. Dieser Zustand erschwert die Erreichung der oben beschriebenen Anpassung, die mit Zugeständnissen verbunden ist. Denn die, die nichts zu verlieren haben, sind schneller für Veränderungsprozesse zu gewinnen als die, die verwöhnt sind, und aus diesem Grund nichts abgeben oder teilen möchten, sondern nur bestrebt sind etwas dazu zu gewinnen.

Der Schlüssel zur Realisierung der notwendigen Anpassung ist die Schaffung eines neuen Menschentypus, der auf die Herausforderungen der Zeit angepasst ist und der bereit ist, die Existenz des Habens zu Gunsten der Existenz des Seins in Frage zu stellen. Denn diese Art des Existentverständnissen stellt das Hauptproblem dar und wirkt sich negativ auf die Anpassung aus, da dahinter eine Philosophie steht, die dem Besitzen den höchsten Stellenwert beimisst. Dabei geht es nicht nur um den Besitz materieller Güter, sondern um den Besitz von Werten, Wissen oder vom Glauben[97]. Die-

---

[97] vgl. Fromm, E.: Haben oder Sein. Die seelischen Grundlagen einer neuen Gesellschaft, 34. Aufl., München 2006, S.44ff.

ses Existenzverständnis wirkt sich aufgrund oben dargestellter Charakterisierung auf alle Veränderungen negativ aus, da das Loslassen vom Eigentum ohne Gegenleistung nicht in Frage kommt.
Wenn nun durch die Zusammenarbeit aller Gesellschaftsmitglieder und Institutionen erreicht wird, dass die Vorzüge kultureller Vielfalt als diese Gegenleistung betrachtet werden, werden Menschen gegen die Herausforderungen der Zukunft, vor die uns die Globalisierung stellt, besser gewappnet sein.
Es lässt sich abschließend festhalten, dass diese radikale Veränderung ein Meisterwerk der menschlichen Existenz ist. Wird Menschen die Tatsache bewusst, dass sie für das friedliche Fortbestehen unabdingbar ist und die einzige Möglichkeit darstellt, unseren Nachkommen ein „gesundes" Vermächtnis zu hinterlassen, kann sie aus dieser Bestrebung heraus mit gemeinsamen Kräften gemeistert werden.
Es zeichnet sich auf der Unternehmensebene bereits ein Trend ab, der als positives Signal gedeutet werden kann. Einige Manager weltweit operierender Großkonzerne scheinen die Erkenntnis erlangt zu haben, dass Gewinn nicht das Einzige ist, was sie anstreben sollten.
Dieses spiegelt sich in ihrem sozialen Engagement wider, welches sich dem Begriff der Corporate Social Responsibility[98] zuordnen lässt.
Wenn sie tatsächlich das Ausmaß ihrer Verantwortung für die Gesellschaft erkennen. Wenn sie realisieren, dass sie Repräsentanten ihrer Gesellschaftsform in verschiedenen Ländern sind und die Möglichkeit haben, eine breite Masse zu mobilisieren und zum Nachdenken zu motivieren als auch national und international einen Beitrag zum interkulturellen Verständnis leisten zu können, besteht die Chance, dass diese Meisteraufgabe mit gemeinsamen Kräften bewältigt werden kann.

[98] CSR ist ein Konzept *gesellschaftlicher Verantwortung von Unternehmen*, das die Aspekte der Nachhaltigkeit aufnimmt und sich auf die drei Säulen Wirtschaft, Soziales und Umwelt stützt. CSR-Initiativen sind Beiträge, die Unternehmen im Rahmen ihrer Geschäftstätigkeit für eine zukunftsfähige Gesellschaft leisten. Sie entspringen dem Engagement des jeweiligen Unternehmens und beruhen auf Eigeninitiative und Eigenverantwortung, o. V.: Corporate Social Responsibility, http://www.bdi-online.de/de/fachabteilungen/1499.htm, 15.4.2007;
vgl. dazu S. 28. Organisation Internationaler Kulturforen durch die Bertelsmann Stiftung; siehe auch Schütz, D.; Heinze, D.: Ein Vorreiter der unternehmerischen Kulturförderung. In: Kultur und Management im Dialog, 6/2007, S.12.

Anhangsverzeichnis

Anhang

Anhang 1

Probleme interkultureller Interaktion am Beispiel des Ablaufmodells

Französische Studierende einer Grande Ecole de Commerce (Kultur C_1)	**Deutscher Hochschuldozent (Kultur C_2)**
Interkulturelle Kommunikationssituation	
Unterricht	*Unterricht*
Eigenkulturelle Verhaltensschemata als Modell der Interpretation für fremdkulturelle Kommunikationshandlungen	
"Der Dozent wirkt aber übereifrig, fast schon verkrampft."	*"Diese ständig zu spät kommenden und den Unterricht störenden französischen Studierenden lenken mich ständig ab."*
Mißverständnisse; Kommunikationsziele nicht erreicht	
"Wieso macht der Dozent denn ständig so ein unzufriedenes Gesicht?"	*"Ich kann meinen Lernstoff nicht herüberbringen."*
Frustration; Streß	
"Der Lernstoff ist eigentlich interessant. Aber der Dozent kann ihn nicht vermitteln..."	*"Nun wird es mir aber zu bunt. Der Lernstoff scheint sie überhaupt nicht zu interessieren!"*
Falsche Attribuierungen (Kategorisierungen des Problems)	
"Wir arbeiten doch gut mit. Wieso ist der Unterricht denn nun so langweilig?"	*"Die Studierenden sind nicht an dem Kurs interessiert..."*
Stereotypen	
"Typisch, der Deutsche ist wieder einmal humorlos und intolerant!"	*"Typisch, die Franzosen sind wieder einmal unpünktlich und unmotiviert."*
Mangelnde Objektivität bei der Perzeption künftiger interkultureller Kommunikationssituationen	
"Wenn die anderen deutschen Dozenten auch so sind..."	*"Wenn mir das beim nächsten Unterricht mit Franzosen wieder so geht..."*
Direktkontakte mit Vertretern anderer Kulturen werden vermieden	
"Wir werden keinen Unterricht mehr besuchen, der von einem deutschen Dozenten gegeben wird!"	*"Ich werde nicht mehr in Frankreich unterrichten!"*

Verhandlungskulturen verschiedener Länder

So verhandeln Sie mit Chinesen:

- Bereiten Sie sich sehr genau vor. Sie sollten u.a. bestens mit der Unternehmensstruktur und dem Finanzierungskonzept des Partners vertraut sein.
- Seien Sie pünktlich. Fahren Sie mit dem Auto zum Termin und nicht wie die Chinesen mit öffentlichen Verkehrsmitteln.
- Verhandeln Sie nie allein. Chinesen kommen immer mit einer ganzen Delegation.
- Gehen Sie gemeinsam essen. Das ist Chinesen wichtig. Vorsicht: Sie dürfen am Tisch zwar über Geschäfte sprechen, aber unter keinen Umständen verhandeln.
- Wundern Sie sich nicht, wenn die ranghöchste Person den Gesprächen nicht immer beiwohnt. Sie hält sich bewusst zurück, um neutral eingreifen zu können, wenn die Verhandlungen zu misslingen drohen.
- Lassen Sie sich nicht von der Herzlichkeit der Asiaten täuschen. Chinesen sind harte, aber faire Verhandlungspartner.
- Halten Sie nicht den ersten Beschluss für endgültig. Ihre Gegenüber wollen mit Ihnen handeln. Das letzte und für Sie beste Angebot müssen Sie aber selbst ins Spiel bringen.
- Führen Sie nicht nur ein Ergebnis-, sondern auch ein Verlaufsprotokoll. Sonst konfrontieren Ihre Partner Sie mit Versprechen, die Sie nicht mehr nachprüfen können.
- Führen Sie Ihre Gespräche nicht in Schulenglisch. Engagieren Sie einen Dolmetscher. Vorteil: Sie wissen auch, was die andere Seite untereinander bespricht.

So verhandeln Sie mit Deutschen:

- Kommen Sie bei Geschäftsbesprechungen ruhig gleich zur Sache. Vermeiden Sie langatmige Einführungen und Smalltalk.
- Bedenken Sie, dass Deutsche Berufliches und Privates gerne strikt trennen.
- Lockern Sie die Atmosphäre bei ernsthaften Themen lieber nicht mit Witzen auf. Deutsche sind zwar nicht humorlos, aber Ihre Gesprächspartner könnten das als Ablenkungsmanöver auffassen.
- Prägen Sie sich den Namen Ihres Gegenübers schnell ein, und sprechen Sie ihn korrekt aus. Vergessen Sie den Titel nicht.
- Bereiten Sie sich auf Ihre Unterredung vor, denn Deutsche schätzen solides Hintergrundwissen. Halten Sie also immer ihre Zahlen und Fakten parat.
- Hören Sie sich geduldig die Firmengeschichte an. Deutsche lieben den Blick auf die Vergangenheit.
- Berücksichtigen Sie Hierarchie, Alter und Firmenzugehörigkeit, wenn Sie mit mehreren Personen reden.
- Fallen Sie Ihrem Gegenüber auf gar keinen Fall ins Wort. Hören Sie sich seinen Standpunkt zu Ende an, ehe Sie Ihren Kommentar abgeben.

Zentrale US-amerikanische Kulturstandards	Zentrale deutsche Kulturstandards
(1) Individualismus	(1) Formalismus
(2) Chancengleichheit	(2) Hierarchie- und Autoritätsorientierung
(3) Handlungsorientierung	(3) Pflichterfüllung
(4) Leistungsorientierung	(4) Familienzentrierung
(5) Interpersonale Zugänglichkeit	(5) Interpersonale Distanzdifferenzierung
(6) Intrapersonale Reserviertheit	(6) Körperliche Nähe
(7) Soziale Anerkennung	(7) Direktheit interpersonaler Kommunikation
(8) Gelassenheit	(8) Persönliches Eigentum
(9) Patriotismus	(9) Traditionelle Geschlechtsrollendifferenzie rung
(10) Zukunftsorientierung	
(11) Funktionales Besitzverständnis	
(12) Zwischengeschlechtliches Begegnungs ritual („dating“)	
(13) Naturbeherrschung	
(14) Mobilität	

Zentrale chinesische Kulturstandards

(1) Gesicht wahren
(2) Trennung von Arbeits- und Privatbereich
(3) Sanktionsangst
(4) Hierarchieorientierung
(5) Freude am Feilschen
(6) Vertragstreue
(7) Freundschaft und Höflichkeit
(8) Gastfreundschaft
(9) Nationalstolz

Anhang 4

Anforderungsprofil internationaler Manager

Anforderungsmerkmale	**nicht wichtig**	**wichtig**	**sehr wichtig**
Analysefähigkeit			X
Konzeptionsfähigkeit			X
Kreativität und Innovationsfähigkeit		X	
Planungs- und Organisationsfähigkeit			X
Flexibilität/ Improvisationsvermögen		X	
Kontinuität in der Zielverfolgung			X
Kommunikationsfähigkeit allgemein		X	
Kontaktfähigkeit		X	
Fremdsprachenkompetenz			X
Durchsetzungsvermögen			X
Integrations- und Teamfähigkeit		X	
Interkulturelle Toleranz			X
Psychische Belastbarkeit			X
Gesundheitliche Kondition		X	
Familienflexibilität			X
Einsatzbereitschaft			X
Motivation für Auslandseinsatz		X	

Anhang 5

Beispiel: Siemens Qualifying and Training

International Business Skills – Preparation Skills for the U.S.

Contents: Create the right message for american partners, how to write a frame statement, negotiation tactics, persuasive reasoning, handle resistance effectively (seminar-language: english, fee: 950 Euro + Vat + Hotel, 1,5 days)

Working with German Business Partners

Seminars for Japan, India, Arabic nations and other countries on request (3,5 days, fee: 1890 Euro + Vat + Hotel)

Bi-national Teambuilding Workshops

Goals: Participants learn to be team players in intercultural settings througt first-hand experiance interacting with members of the other culture in the workshop. They learn to cope with different conflict styles and develop successful strategies for positive synergy effects. Contents: interactive exercises for team-player key comptencies, Group activities in mono- and bi-cultural groups, Analysis of culture-specific behaviours, Conflict management. (Seminar-language, seminar-time, fee, hotel ... on request)

Anhang 6

Führungsfunktionen innerhalb des Diversity Managements

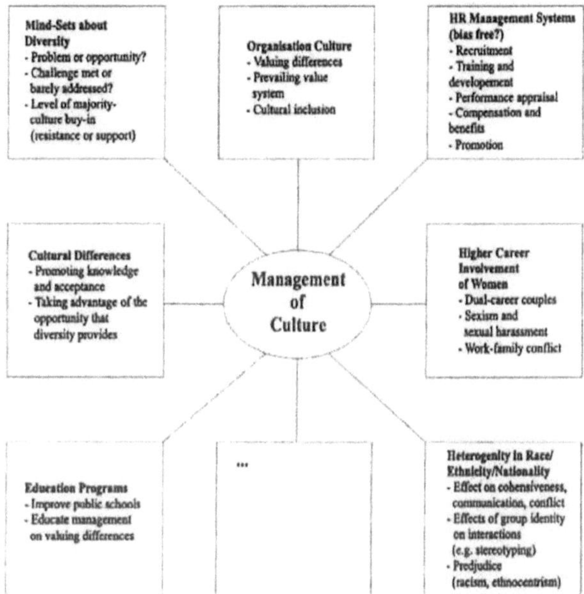

Anhang 7

Vorteile des Diversity Managements

Interne Organisation	Wechsel-wirkung	Externe Umgebung
• Kosten		• Zusammensetzung der Bevölkerung ändert sich
• Marketing	• Minderheits-gruppen als Marketing-Zielgruppe	• Kaufkraft der Minderheitsgruppen nimmt zu
• Problemlösung • Größere Kreativität • Höhere Leistungen • Synergien	• Flexibilität des Unternehmens wird verbessert	• Bessere Eingliederung der Minderheiten in die Gesellschaft • Gesetzgebung (positive Diskriminierung)
• Verbessertes Arbeitsklima • Offene Organisationskultur	• Public Relations Effekt	• Normative Auffassungen (öffentliche Moral)
• Ressourcen akquirieren	• Employment Branding	• Arbeitsmarktprobleme

Anhang 8

Mitarbeiter und Umsatz einiger großer deutscher Industrieunternehmen

Unternehmen	Mitarbeiter weltweit	Mitarbeiter davon im Ausland	Umsatz weltweit Mio. DM	Umsatz davon im Ausland (%)
Siemens	379.000	46 %	94.180	61 %
Daimler-Benz	290.029	23 %	106.339	63 %
Deutsche Bahn	288.768	k.A.	30.221	k.A.
Deutsche Post	284.899	k.A.	26.702	k.A.
Volkswagen	260.811	47 %	100.123	64 %
Deutsche Telekom	201.000	k.A.	63.075	6 %
Bosch	176.481	47 %	41.146	61 %
Hoechst	147.862	63 %	50.927	82 %
Bayer	142.200	60 %	48.608	82 %
RWE	132.658	7 %	54.781	17 %
Thyssen	123.746	24 %	38.673	47 %
Veba	122.110	22 %	68.095	34 %
Mannesmann	119.709	34 %	34.683	56 %
BMW	116.112	45 %	52.265	72 %
BASF	103.406	41 %	48.776	73 %
RAG	101.980	3 %	24.941	17 %
VIAG	88.014	47 %	42.452	50 %
Krupp-Hoesch	69.608	33 %	24.038	59 %
Preussag	66.226	19 %	25.044	48 %
Deutsche Lufthansa	57.999	12 %	20.863	k.A.

Anhang 9

Beispiel: Internationale Personalmanagementaufgaben

Auszug aus einer Aufgaben- und Projektliste des Personalmanagements einer international tätigen Bank in Bezug auf internationale Personalmanagementaufgaben (Stand 1.1.1999):

- internationale Mobilitätsförderung,
- Fremdsprachentraining,
- Training interkultureller Kompetenzen,
- Training kulturell gemischter Gruppen,
- Suche und Auswahl internationaler Fach- und Führungskräfte,
- Vorbereitung und Betreuung von Auslandsentsendungen,
- Entsendungsbedingungen gestalten (rechtlich, steuerlich, Versicherung, sozial ...),
- länderspezifische Entgeltpolitik und -abrechnung,
- Zusammenarbeit mit (inter-) nationalen Arbeitsorganisationen,
- internationale Kommunikations- und Führungsleitlinien.

Zusammenhang Personalarbeit-Kulturtransferstrategie

	Ethnozentrisch (Monokultur-Strategie)	**Polyzentrisch** (Multikultur-Strategie)	**Geozentrisch** (Mischkultur-Strategie)
Personalmarketing	Anforderungen an den „linking-pin" festlegen, zur gezielten Gestaltung von Akquisitionsmaßnahmen.	Qualitätsstandard der ausländischen Berufsausbildung feststellen und dann primär lokal arbeiten.	Kulturbedingte Wahrnehmungsverzerrungen bei der Darstellung des Unternehmens berücksichtigen.
Personalentwicklung	Auswahl geeigneter Entwicklungsmaßnahmen für Entsandte festlegen, Job Rotation nur zwischen Mutter- und Tochtergesellschaft.	Landesspezifische Überprüfung der Eignung von Entwicklungsmaßnahmen, homogenes Qualifikationsniveau der Beschäftigten weltweit, wenig Job Rotation.	Systematische Job Rotation zur Integration der Mitarbeiter quer über alle Unternehmen und Länder (auch zwischen Tochtergesellschaften).
Personalführung	Motivation der Entsandten (z.B. durch Re-Integrationsplanung) sichern.	Durch Information der Mitarbeiter integrierend wirken (z.B. mit weltweiter Firmenzeitschrift).	Landesspezifische Bedürfnisstrukturen der Mitarbeiter nicht vernachlässigen.

Literatur-, Quellenverzeichnis

Barmeyer, Christoph, I.: Interkulturelles Management und Lernstile, Frankfurt/New York 2000.

Bergemann, Niels; Sourisseaux, Andreas L.J. (Hrsg.): Interkulturelles Management, 2.überarb. Aufl., Heidelberg 1996.

Beniers, Cornelius: Managerwissen kompakt: Interkulturelle Kommunikation, München/Wien 2006.

Bittner, Andrea; Reisch, Bernard: Interkulturelles Personalmanagement, Internationale Personalentscheidung, Auslandsentsendungen, interkulturelles Training, Wiesbaden 1994.

Blom, Herman; Maier, Harald: Interkulturelles Management, 2. Aufl., Herne/Berlin 2004.

Drepper, Christian: Unternehmenskultur, Selbstbeobachtung und Selbstbeschreibung im Kommunikationssystem „Unternehmen“, Frankfurt am Main 1992.

Fromm, Erich: Haben oder Sein. Die seelischen Grundlagen einer neuen Gesellschaft, 34. Aufl., München 2006.

Hofstede, Geert: Lokales Denken, globales Handeln, 3. Aufl., München 2006.

Keller, Rudolf: Kulturelle und wirtschaftliche Eigenarten Japans. Haben uns die Japaner überholt?, Heidelberg 1981.

Koopman, Albert: Transcultural Management – How to unlock global resources, Oxford 1991.

Kubota-Müller, Brigitte: Freundliches Kopfnicken bedeutet keine Zustimmung. Entscheidungsfindung im japanischen Wirtschaftsleben. Blick durch die Wirtschaft, 32/1989, S.7.

Linke, Ralf; Bischof-Okubo, Yukiko: Erfolgreiche Verhandlungen mit Japanern, Frankenthal 2004.

Perlitz, Manfred: Internationales Management, 3. Aufl., Stuttgart 1997.

Randlesome, Collin; Brierley, William; Bruton, Kevin; Gordon, Colin; King, Peter: Business Cultures In Europe, 2nd edition, Oxford 1993.

Schütz, Dirk; Heinze, Dirk: Ein Vorreiter der unter-nehmerischen Kulturförderung. In: Kultur und Management im Dialog, 6/2007, S.12.

Schuppert, Dana; Papmehl, André; Walsh, Ian (Hrsg.): Interkulturelles Management, Wiesbaden 1994.

Simon, Heinz: Zeitgeiz. In: Managermagazin, 18/1988, S. 162f.

Thomas, Alexander: Interkulturelles Training in der Managementausbildung, In: WiSt 6/1989, S. 281ff.

Trompenaars, Fons; Hampden-Turner, Charles: Riding the waves of culture, London 1997.

Ueno, Hiroshi: Nippons Personalchefs müssen umdenken. Havard Manager, 10/1988, S.55ff.

Wagner, Bernd (Hrsg.): Kulturelle Globalisierung - Zwischen Weltkultur und kultureller Fragmentierung, Essen 2001.

Woferen, Van: Gefährliche Ignoranz. Die Regeln der Japan AG bleiben den westlichen Industrieländern völlig unbegreiflich, Die Zeit, 45/1990, S. 30.

Internetquellen

o. V.: Bedeutung der Farben, http://nibis.ni.schule.de/~lepke/homepage/webdesign/farben.html#4, 17.4.2007

o. V.: Wesenzüge japanischen Verhaltens, http://home.arcor.de/HinagikusPage/japan4.html, 2.4.2007

Sergey Frank: Verhandeln In Russland, http://www.wiwo.de/pswiwo/fn/ww2/sfn/buildww/id/127/id/14618/SH/0/depot/0/index.html, 29.3.2007

Knorr, A.; Arndt, A.: Wal-Mart in Deutschland – eine verfehlte Internationalisierungsstrategie, http://service.spiegel.de/digas/find?DID=48007763, 2.4.2007

Institut für interkulturelle Didaktik: Interkulturelles Grundtraining, 2006, http://www.ikud.de/content/view/18/33/, 17.4.2007

o. V.: Chinesische Kulturstandards für Verkäufer, http://www.salestraining.de/salestraining2007/salestraining_kolumnen/salestraining_kolumne_2004 1001.htm, 29.3.2007

Hecht-El Minshawi, Béatrice.: Managing Cultural Diversity, http://www.cifa-crossculture.de, 27.3.2007

William Taylor, President & CEO, Mercedes-Benz U.S International, http://www.cifa-crossculture.de, 27.3.2007

Bertelsmann media worldwide (Hrsg.): All the world`s a stage, Annual Report 2005

o. V.: Internationale Kulturforen, http://www.bertelsmannstiftung.de/cps/rde/xchg/SID-0A000F0A-4AD8FDF2/bst/hs.xsl/11190.htm, 5.4.2007

Sergey Frank: Verhandeln in Japan, http://www.managermagazin.de/koepfe/karriere/0,2828,371602,00.html, 3.4.2007

o. V.: Zaibatsu, http://www.answers.com/topic/zaibatsu, 3.4.2007

o. V.: Konfuzianismus, http://www.explorekorea.de/kultur/useite_konfu01.htm, 10.4.2007

Gerhard Fetzner: Ein Streifzug durch die großen Religionen der Welt, http://www.efghohenstaufenstr.de/downloads/mission/wr_schintoismus.html, 9.4.2007

Han, Xinliang: Führungskräfteentwicklung im Vergleich deutscher und chinesischer Unternehmenskultur, http://deposit.ddb.de/cgi-bin/dokserv?idn=979775728&dok_var=d1&dok_ext=pdf&filename=979775728.pdf, 10.4.2007

o. V.: Situationsethik, http://www.studi.fh-wuerzburg.de/fsp/skripte/sem7/WerteNormten6.12.05.pdf, S. 1, 10.4.2007

vgl. o. V. : Die Kosten, die durch Mobbing entstehen, http://www.dgb.de/themen/mobbing/mobbing_05, 8.4.2007

o. V.: Enkulturation, http://www.socioweb.de/lexikon/lex_geb/begriffe/enkultur.htm, 11.4.2007

o. V.: Definitionen, http://www.integrationstherapie.at/html/definition.html, 11.4.2007

o. V.: Corporate Social Responsibility, http://www.bdi online.de/de/fachabteilungen/1499.htm, 15.4.2007

Printed by Books on Demand GmbH, Norderstedt / Germany